De nombreux fronts

Lewis R. Freeman

Writat

Cette édition parue en 2024

ISBN : 9789359940182

Publié par
Writat
email : info@writat.com

Contenu

LE COMBAT POUR LE JARDIN D'EDEN

je

J'avais connu F... au cours des années de chasse et de sport en Inde, mais jamais, jusqu'à la nuit où notre vieux caboteur anglo-indien s'arrêtait au bar de Shat- el -Arab en attendant le retournement de la marée pour monter à Bassorah , je n'ai jamais connu F... Je l'entends parler des choses qui lui tenaient vraiment à cœur. C'est alors que j'ai eu une vision éphémère des brins extérieurs de la toile prévisionnelle que l'Angleterre tissait au-delà des marches de l'Inde pour faire face aux événements à venir. Je raconterai son histoire, autant que je me souvienne, dans ses propres mots.

Pendant la majeure partie des cinq dernières années, [dit-il], je suis venu en Arabie et en Mésopotamie pour « étudier la langue ». Pendant tout ce temps, je ne suis pas retourné en Angleterre et je suis presque étranger aux officiers de mon propre régiment. Je parle comme un Arabe, je commence à penser comme un Arabe, et, avec le soleil et la saleté qui sont si profondément enfoncés sous mon épiderme qu'ils ne sortiront jamais, je ressemblerai bientôt à un Arabe. Peut-être qu'avec le temps - vous ne croiriez jamais à l'appel du Coran avant de vous être inclinés vers la Mecque, avec un Bédouin à vos côtés, matin et soir, pendant six mois d'affilée - je prierai comme un Arabe. J'ai eu la variole, la dysenterie, devenue pratiquement chronique, et une douzaine de fièvres et de maladies de peau, et je suis marbré de la tête aux pieds de cicatrices en « bouton d'Alep », dont deux n'ont jamais guéri. J'ai été tellement seule que je me parle même à Calcutta et Simla . Les Perses de cette région se méfient de moi, les Russes et les Allemands me détestent, et les Turcs disent franchement qu'ils m'enverront faire « le long pèlerinage » si jamais une bonne occasion s'en présente .

Tout ce que fait mon gouvernement, c'est de laisser ma solde continuer et de me fournir un passeport qui me mènera au Koweit , à Bassorah ou à Bagdad. Si j'ai des ennuis, ils ne feront pas — et ne pourront en fait pas — faire autant pour moi qu'ils le feraient pour un coolie hindou aux jambes fusiformes. Et tout cela dans l'hypothèse où, quelque temps avant que je sois retraité pour cause de vieillesse ou invalide de l'armée indienne, le Grand Ours Blanc tentera de descendre dans le golfe Persique pour étancher sa soif séculaire. Dans cette éventualité, bien sûr, il est indéniable que je serai très sollicité, surtout si les opérations sont menées dans ma propre « sphère », celle de l'Arabie du Nord-Est et de la Mésopotamie du Sud, jusqu'à une ligne tracée de Bagdad à Hitt.

A pied, à cheval ou à dos de chameau, j'ai parcouru presque tous les kilomètres carrés de cette région. Il n'est pas de bazar de Kerbela au Koweït où, déguisé, je ne puisse me mêler insoupçonnablement à la foule, ou, en cas de besoin, faire appel à des amis prêts à tout, depuis me donner une cigarette ou une poignée de dattes jusqu'à risquer leur vie. vies pour sauver la mienne. Je connais également chacun des grands cheikhs bédouins, ainsi que la plupart des petits, dont les peuples parcourent les déserts entre Bassorah et Damas ; et avec l'un des plus puissants d'entre eux – ses chameaux sont au nombre de plus de 100 000 et ses moutons et chèvres trois fois plus – j'ai vécu la cérémonie de la « fraternité de sang ». Le sang de nos bras s'est effectivement mêlé, et chacun s'est engagé à ne rien faire pour servir l'autre. Mes amis, j'ai à peine besoin de le dire, sont tous des Arabes, des Chaldéens, des Syriens, des Juifs ou des personnes appartenant à l'une des autres races soumises à cette région ; pour le Turc, aussi courtois qu'il soit envers moi socialement à Bagdad et à Bassorah , mon nom est un anathème. Dans une semaine, par exemple, j'échangerai des commodités orientales avec le Vali de Bagdad dans son jardin au bord du Tigre. Il me portera un toast avec du café parfumé et boira au succès de ma visite ; et pendant ce temps, une double garde de police surveillera les portes pour empêcher que je m'enfuie vers le désert et mes amis arabes. Personnellement, je sais que cela lui ferait mal si j'étais abattu dans le noir pour avoir négligé de répondre au défi d'une sentinelle ; mais officiellement, il en tient à cœur, et nul doute que cela lui ferait beaucoup de bien à Stamboul , où il n'est pas très en faveur actuellement.

Tout cela, en fin de compte, se résume à ceci : si une guerre impliquant des opérations dans cette « sphère » survient dans les vingt prochaines années, moi et quelques autres gars qui faisons le même genre de guerre de travail, à condition que je ne perde pas la vie, ni ma santé, ni le meilleur de mes facultés entre-temps, battra probablement tous les records en dehors d'une révolution centraméricaine pour une promotion rapide. Je devrais probablement être général de brigade à quarante ans, avec dix ou douze lettres après mon nom. Mais si, comme c'est probable, il n'y a pas de guerre, je continuerai probablement ces petites escapades dans le désert jusqu'à ce que ma santé me lâche, alors, au mieux, je serai invalide chez moi et mis à la retraite avec la demi-solde d'un capitaine ou d'un militaire. majeur.

Ainsi, voyez-vous, mon avenir dépend entièrement de la question de savoir si certains de nos voisins , ou voisins potentiels , jugeront opportun de « démarrer quelque chose » dans ce petit coin de l'Asie centrale au cours des dix ou vingt prochaines années. Et maintenant que la Russie fait partie de l'Entente et que nous agissons de concert avec elle en Perse, je crains fort qu'il ne s'agisse d'un « espoir différé qui rend le cœur malade ».

II

Le lendemain, nous avons pris le bateau à vapeur à Bassorah et, quatre jours plus tard, nous sommes arrivés à Bagdad, F... faisant escale au sinistre fort brun qui abritait le consulat britannique, le bureau de poste et la station télégraphique. Je l'ai vu de temps en temps pendant une semaine, généralement lors de tiffins ou de dîners organisés pour lui par certains de ses amis britanniques. À d'autres moments, il était introuvable. "F——— *Sahib* est allé au bazar", son porteur Pathan répondait invariablement à mes demandes ; et F... lui-même s'est contenté de dire qu'il passait beaucoup de temps à « renouer avec d'anciennes connaissances ». Puis, au bout d'une dizaine de jours, sans dire au revoir à personne, autant que j'ai pu le savoir, il disparut. « F... est reparti vers ses Arabes », dirent ses amis.

«Je suis très soulagé», me murmura le consul. « Cette fois, ils se sont accrochés à lui comme des sangsues, mais F... s'est enfui en se faisant passer pour un chauffeur *d'araban arménien* alors qu'ils l'attendaient en tant qu'Arabe. L'Arménien est venu ici, F... s'est taché le visage, a enfilé les vêtements du type et a effectivement conduit l' *arabana* , avec un chargement de passagers, jusqu'à Kerbela. Les Turcs ont arrêté le véritable conducteur lorsqu'ils l'ont surpris en train de sortir à pied, mais ils n'ont pas obtenu grand-chose de lui, et je ne pense pas qu'ils sachent encore exactement ce qui s'est passé. F——— est loin dans le désert à ce moment-là.

C'était en 1912, et à cette époque personne — surtout F..., qui avait le plus à gagner d'un tel événement — ne semblait rêver que les plaines sanglantes de Babylonie et d'Assyrie risquaient de faire écho avant de nombreuses années. au piétinement des armées hostiles. L'étendue des activités de l'Allemagne, qui s'étendait bien au-delà de la simple construction du chemin de fer de Bagdad, était évidente pour tout le monde ; mais, malgré cela, l'impression générale semblait être que le fouet dans cette région était celui de la Russie. Ce sentiment a été très justement exprimé par un vieil officier turc avec qui j'ai discuté de la politique du Proche-Orient à Mossoul. « Les Allemands peuvent construire des chemins de fer », a-t-il déclaré, ponctuant son discours mesuré par des bouffées d'un *narguilé gargouillant* , « et les Britanniques peuvent construire des navires, et les Turcs peuvent construire des barrages et des canaux », faisant référence aux travaux de remise en état de l' Hindia sur l'île. Euphrate : « mais à la fin, la Grande Ourse Blanche descendra dans le golfe Persique et boira de l'eau chaude. »

que les Allemands avaient des projets ambitieux pour contrôler le commerce de la vallée du Tigro -Euphrate, d'une richesse incalculable, ni même que le Kaiser visait une sorte de contrôle politique. Mais que l'influence allemande prévale sur celle de la Grande-Bretagne et de la Russie à Constantinople, au point d'aligner la Porte du côté du Kaiser contre la Triple Entente, n'était pas imaginé en Mésopotamie, même par les Turcs eux-mêmes. Cependant, le prix à payer par l'Entente pour éloigner l'Italie de la

Triple Alliance en acquiesçant à la conquête de Tripoli par cette puissance fut la perte irrémédiable de l'amitié de la Turquie ; et avec la succession d' Enver Pacha au ministère de la Guerre à la fin du premier conflit balkanique, il ne fait aucun doute que la Porte était absolument engagée dans l'action avec l'Allemagne. Après le déclenchement de la guerre actuelle, la participation de la Turquie aux côtés des puissances centrales n'était qu'une question d'approbation de l'empereur. Enver Pacha, éduqué à Berlin et toujours activement anti-russe, avait passé près de deux ans à se préparer à la lutte dont les Allemands lui avaient sans aucun doute assuré qu'elle était inévitable ; et les préparatifs d'un combat à mort aux Dardanelles ne devaient pas empêcher un renforcement général des défenses orientales . C'est brièvement ainsi que la Grande-Bretagne s'est retrouvée face à la Turquie au lieu de s'opposer à la Russie, préparée depuis longtemps, sur le « théâtre » mésopotamien. Mais je laisserai mon ami F..., à qui il a été confié de participer au montage et à la mise en scène des scènes d'ouverture de la pièce, raconter un peu ce qui s'est passé jusqu'au moment de sa tragique sortie.

À la fin de l'automne 1914, une carte griffonnée à la hâte me parvint en Californie. « Les choses prennent enfin de l'ampleur », peut-on lire. « Je pars pour le 'PG' [1] demain avec de gros travaux en perspective. J'écrirai quand je pourrai faire passer quelque chose d'intéressant. La carte portait le cachet de la poste de Karachi et était datée de quelques jours seulement avant l'entrée officielle de la Turquie dans la guerre. J'ai donc supposé que le gouvernement indien avait écarté cette action et qu'au moment où les Turcs ouvraient les hostilités en bombardant la côte russe, F..., sans doute avec des forces considérables, était en route vers sa « sphère ».

[1] Golfe Persique.

La lettre promise fut longtemps retardée et, lorsqu'elle arriva, elle portait le cachet de la poste Bassorah , non pas en caractères turcs, mais en lettres anglaises simples, tandis que le timbre bleu de deux anna et demi de l'Inde apparaissait autrefois dans le coin. sacré pour l'étroite vignette rose à moitié gommée d'une piastre qu'il fallait souvent coller avec une épingle pour l'empêcher de tomber. Ainsi parlait la lettre :

« Je vous écris ceci depuis l'ancien port d'attache de « Sinbad le marin », qui, j'ai le plaisir de le dire, est sous notre pavillon depuis quelques jours. Les Turcs disposaient ici de forces considérables composées de troupes aguerries - vous vous souvenez sans doute combien la vieille ville était occupée par des casernes - mais, évidemment parce qu'ils ne nous attendaient pas si tôt, ni avec une telle force, ils n'avaient pas fait grand-chose pour nous aider. de défense d'avant-poste . Ceci, ajouté au fait que notre force navale était écrasante et que le fleuve était miné de manière très inefficace, rendait relativement facile ce qui aurait pu être une opération extrêmement difficile. Les canons de nos croiseurs dépassaient ceux des vieux forts à l'embouchure du Chat- el -Arab, et, avec les balayeurs travaillant devant eux, les canonnières à faible tirant d'eau parsemaient si ardemment ces denses palmeraies qui bordent les berges du fleuve que nous Nous n'avons eu aucune difficulté à nous frayer un chemin à travers eux sans grande perte.

« En coopérant avec l'avancée du fleuve, notre force principale a été débarquée au-dessus du Koweït et a marché à travers le désert pour attaquer Bassorah à l'ouest, menaçant l'arrière des positions turques sur la rive gauche. Ici, le Turc aurait pu nous causer des ennuis sans fin s'il avait été en force suffisante, car les basses terres étaient en partie inondées et une défense des routes praticables aurait pu être rendue très efficace.

«C'est la faiblesse de l'opposition rencontrée ici qui nous a d'abord fait espérer que Bassorah n'allait pas être fortement défendue. Même si l'avancée s'est soldée par une série d'actions à l'avant-poste, la période a été une période d'inquiétude pour nous – et surtout pour moi – dans la mesure où elle a mis à l'épreuve le résultat de notre travail, non seulement dans la prévision des événements capricieux et capricieux. débordement variable, mais aussi à concilier les Arabes non moins capricieux et variables d'une région nominalement soumise à la Turquie. Je peux seulement vous dire maintenant que les choses se sont déroulées et continuent de se dérouler encore mieux que nous n'avions aucune raison de l'espérer. Il n'y avait aucune suggestion d'une menace pour notre flanc gauche exposé de la part des hordes d'Arabes curieux mais nullement hostiles qui se sont montrés tout au long du chemin, et la censure ne me permettra probablement pas de vous dire que nos transports et notre commissariat, sinon rien plus, sera probablement grandement aidé par l'assistance active de cette source. [Ici, plusieurs phrases, révélant sans doute quelque chose de plus sur l'attitude des Arabes, ont été obscurcies par le pinceau du censeur.] Vous verrez donc que le Turc récolte la récolte qu'il mérite en semant la dureté et la duplicité parmi les Bédouins, et que le temps et les efforts de nous, les « étudiants en langues » qui avons travaillé dans ce domaine, n'auront pas été dépensés en vain.

« Les Turcs ont sans doute eu raison de décider de ne pas prendre position à Bassorah . Avec la mer approchant entre nos mains et avec la ville entièrement encerclée par le désert et les marais, sa possession, à tout moment, aurait dépendu de la maîtrise du Tigre ou de l'Euphrate jusqu'à la riche région agricole à l'ouest de Bagdad. Comme la coupe de cette ligne par nous n'était qu'une question de temps, la ville aurait été isolée et contrainte de résister à un siège qui n'aurait pu aboutir qu'à la capture des forces qui y étaient enfermées. Dans l'état actuel des choses, la plupart de ces forces sont désormais libres de contester notre avance, à travers un pays très difficile, vers la Mésopotamie et Bagdad. Ici, il semble certain que nous aurons tous les combats qui nous tiennent à cœur.

« Je n'ai pas évoqué le fait que j'ai reçu mon grade de capitaine et que je suis affecté à l'état-major. Dans une campagne ordinaire, cette dernière circonstance signifierait de nombreuses consultations mornes au siège, et aucune action. Ici, Allah soit loué, le cas est tout à fait différent. R..., K... (les deux gars qui ont aussi travaillé dans ce domaine), et moi, sommes toujours appelés, si nous avons l'occasion d'être présents, au déroulement des cartes ; mais la plupart du temps, nous sommes tous occupés à autre chose. R... a traversé les lignes turques à deux reprises, une fois passé trois jours à Kurna , leur base avancée, et je suis parti pour un voyage d'une semaine pour recevoir des assurances renouvelées de l'amitié de mon « frère de sang » bédouin. Ce sera un jeu très amusant.

III

Une autre lettre arriva de F... un mois plus tard, en réponse à celle que j'avais précipitamment quittée en recevant la carte annonçant son départ pour le golfe Persique :

« Vous demandez où nous voulons en venir ici, ce par quoi je suppose que vous voulez dire : 'Quel est notre plan de campagne ?' C'est évidemment une question à laquelle je ne peux répondre que de la manière la plus générale. Notre objectif principal dans la présente campagne sera l'occupation du sud et du centre de la Mésopotamie jusqu'aux villes de Bagdad et Kerbela incluses, une région correspondant à peu près à ce qu'on pourrait appeler l'ancienne Babylonie proprement dite. Notre objectif est double. Premièrement, prendre le contrôle de toute la partie irriguée - et donc hautement productive - de la vallée du Tigro -Euphrate et, deuxièmement, nous établir fortement sur le flanc de la Perse au cas où ce pays se montrerait disposé à faire cause commune. avec notre ennemi.

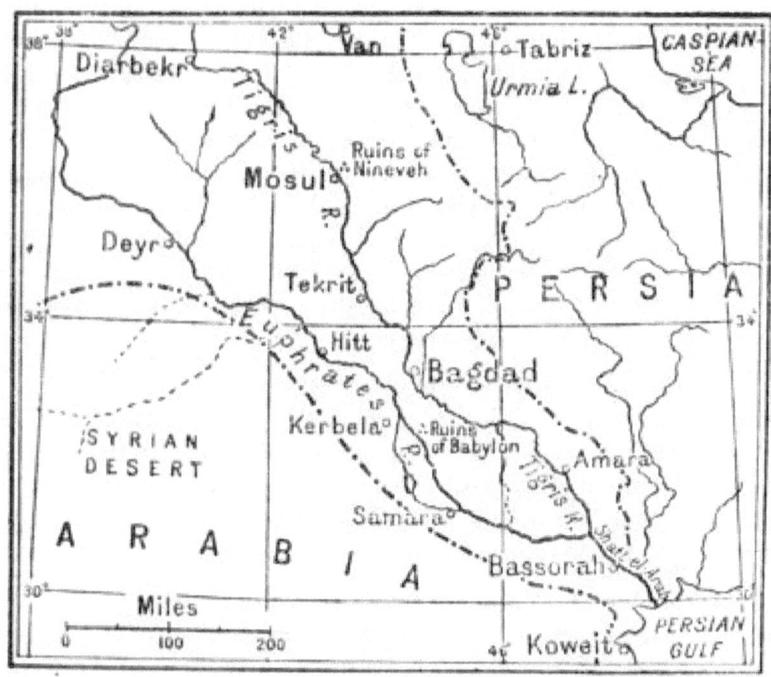

**CARTE DE LA VALLÉE DU TIGRO -EUPHRATE ,
où se sont déroulées les opérations contre Bagdad.**

« Il ne fait aucun doute que l'avancée vers Bagdad sera un combat jusqu'au bout. Le pays le plus difficile sera celui situé entre ici et environ cinquante milles au nord du point de rencontre du Tigre et de l'Euphrate. La majeure partie de cette zone est marécageuse toute l'année et pratiquement toute sera submergée par les crues printanières au moment où nous serons prêts à y entrer. Un réseau infini de « canaux » et de bras morts rend pratiquement impossible toute progression à pied, même à travers une grande partie du pays de débordement, et l'une des principales raisons de notre longue halte à Bassorah a été la formation de nos hommes à l'utilisation des diverses embarcations indigènes qui devront figurer dans nos transports. Heureusement, les Turcs seront confrontés au même handicap que nous dans cette région, et notre artillerie et notre organisation supérieures nous donneront certainement l'avantage. Les véritables combats auront lieu lorsque nous émergerons sur les plaines alluviales de la Mésopotamie centrale. Ici, l'ennemi aura derrière lui le chemin de fer de Bagdad et, sans aucun doute, un petit système assez complet de chemins de fer légers de fabrication allemande pour lui fournir des munitions et des vivres.

« Il se peut qu'il nous faudra attendre la fin de 1915 pour atteindre notre premier objectif. Ensuite, si une décision en Europe n'a pas été prise entre-temps, notre prochaine avancée générale remonterait le Tigre jusqu'à Samara, Tekrit et Mossoul, et remonterait l'Euphrate jusqu'à Hitt et Deyr ; ce progrès placerait entre nos mains une région céréalière de montagne d'une productivité considérable. Il faudrait encore lancer une autre campagne pour occuper le pays jusqu'à une ligne allant d'Alep à Mardin ou Diarbekir ; mais la Russie devrait atteindre cette région depuis le Caucase avant que nous puissions y arriver depuis le sud. Des canons et des munitions que les Allemands pourront envoyer à Bagdad dépendra le caractère de la position que les Turcs adopteront en Babylonie.

« Mais quel jeu cela va être, cette lutte pour le vieux jardin d' Eden, avec les canaux aux berges élevées et les murs en ruine de Babylone et de Hitt servant de tranchées et de forts, et les *khans* qui abritaient Ali Baba et Haroun. -al- Raschid comme avant-postes ! Eh bien, le « CCG » et moi avons même discuté de la manière dont nous allions utiliser ce vieux *tepe isolé* de Birs Nimrud – que certains appellent la « Tour de Babel » – le moment venu !

« Notre transport pour la nouvelle campagne sera probablement la chose la plus remarquable du genre jamais assemblée. Le fait que le pays dans lequel nous avançons sera en grande partie submergé nous obligera à devenir pratiquement amphibie. Sur terre, nous utilisons des chameaux, des chevaux, des mulets et des ânes, tandis que sur l'eau, les services de tout, depuis les *balems* , *gufas* et *kaleks indigènes* jusqu'aux canonnières à faible tirant d'eau et aux bateaux à vapeur, seront demandés. Les vieux bateaux à roues latérales de Bagdad ont tous été transformés en canonnières, mais même leur léger tirant d'eau de cinq ou six pieds est trop grand pour tous les canaux fluviaux, à l'exception des principaux. L'un d'eux, d'ailleurs, est entré en action l'autre jour avec une armure improvisée avec des nattes de dattes séchées. Bien sûr, les éclats d'obus turcs ont causé un terrible gâchis, ainsi que, je suis désolé de le dire, ceux qui se trouvaient derrière.

« La direction de la formation de nos hommes à l'utilisation des embarcations indigènes a été l'une de mes récentes fonctions. Le *balem* est une sorte de bateau en forme de gondole qui a longtemps été utilisé pour le transport de passagers sur les canaux et rivières de cette région. On peut le ramer, le godiller ou le pagayer, et comme il est d'un équilibre assez stable, les hommes ne tardent pas à le maîtriser. Le *gufa* , cependant, est une tout autre affaire. Il s'agit d'une boule légèrement aplatie de roseaux tressés recouverts de poix, ayant un trou de cinq à dix pieds de diamètre au sommet pour recevoir les passagers et le fret. On le propulse en pagayant, tantôt d'un côté, tantôt de l'autre, et deux ou trois anciens peuvent faire de très bons progrès avec lui. Cependant, un novice ne peut guère faire plus que faire tourner la chose sur son propre axe. De plus, il se rend invariablement encore plus impuissant en se moquant de sa propre inutilité ; et bien que certains des Cipayes les plus sérieux aient fait des progrès considérables dans le traitement du *gufa* , je crains que nous ne pourrons jamais amener Thomas Atkins, ou son compagnon d'armes tout aussi frivole, le Ghurka , à le prendre pour autre chose qu'une plaisanterie perpétuelle.

« A une vingtaine de kilomètres au nord d'ici, il y a quelques jours, une douzaine de soldats à pied, au lieu de quelque chose de mieux à portée de main, ont tenté de traverser un large chenal arrière du Chat- el -Arab dans un *gufa* , afin de déloger quelques tireurs d'élite turcs gênants. Leurs meilleurs efforts, cependant, n'ont servi qu'à envoyer les engins contraires descendre leur propre rive, la meilleure sorte de cible pour les tireurs d'élite ennemis. Ces derniers (je l'ai sur la parole du sergent dont l'enthousiasme déplacé était responsable du trouble), visiblement très amusés, retinrent leur feu jusqu'à ce que les « marines », comme les surnomment depuis lors leurs camarades, aient fait un trou. au fond du *gufa* et a été obligé de se mettre à l'eau. Les quelques coups de feu dispersés tirés à ce moment-là n'avaient apparemment été envoyés que dans l'intention de « chasser » plusieurs Tommies belligérants dans leur propre camp, car la seule victime signalée était la noyade d'un homme qui, selon les termes d'un de ses camarades survivants, "Attrapé" est Bloomin " éperon dans le Bally Dingo et " s'est " retrouvé sous l'eau. "

« Quel incident me rappelle de dire un mot pour notre vieil ami, le Turc, en tant que combattant sportif. Bien sûr, nous savions depuis toujours qu'il était un combattant offensif de première classe et un combattant défensif exceptionnel ; mais comme nous le connaissions depuis des années sous des qualificatifs tels que « Le Terrible » et « L'Innommable », nous en étions venus à attendre de lui un programme « d'effroi » tout à fait conforme à celui de ses alliés occidentaux. Le fait que rien de tel n'ait été mis en évidence est l'une des surprises les plus rafraîchissantes de la campagne. Je ne peux rapporter ici qu'un exemple parmi un certain nombre d'exemples qui sont tombés sous mon observation.

« Vous avez sans doute lu dans les journaux que les Turcs ont tenté il y a quelques semaines de reprendre Bassorah en force, en se rendant en bateau à Nasire , sur l'Euphrate, et de là en contournant la zone d'inondation pour approcher ce point par l'ouest. Heureusement, un de nos « amis » nous a fait part de ce qui se passait et nous avons pu préparer une réception en bonne et due forme à Shaiba . C'est après que nous les avions repoussés à ce moment-là, et pendant qu'ils combattaient des actions d'arrière-garde dans une retraite des plus savamment conduites, que l'incident auquel je pense s'est produit. J'étais dehors avec, sans le commander, une troupe de cavalerie qui poursuivait la poursuite à une distance considérable devant notre force principale. Vers onze heures du matin, nous trouvâmes notre chemin bloqué par un petit détachement ennemi qui avait été laissé prendre position près d'un *khan isolé* , une de ces haltes fortifiées du désert de l' ordre des caravansérails, — en fait plus de un fort qu'une taverne.

« Il était inutile d'essayer de déloger les Turcs jusqu'à ce que les armes à feu arrivent, mais, malheureusement, une douzaine de types, déconnectés de leur officier, ont tenté de franchir la porte « tout seuls ». L'ennemi les laissa tranquillement s'approcher à environ cent mètres du *khan* , puis, démasquant une mitrailleuse, les laissa tous tomber dans un espace d'à peine cinquante pieds carrés. Une volée de fusil fit tomber les trois ou quatre esprits téméraires qui, malgré leurs blessures, se relevèrent en titubant et s'élancèrent en avant. Profitant de la couverture offerte par deux anciennes berges du canal, nous parvenons à nous approcher à environ trois cents mètres de la porte *du khan* sans nous exposer dangereusement, pour y attendre nos canons de campagne et être prêts à l'animer pour nos troupes. Amis turcs au cas où ils tenteraient d'évacuer entre-temps.

« Pendant un moment, nous avons pensé que, heureusement, il ne restait plus aucune vie dans aucune des silhouettes brunes et étendues devant le *khan* ; mais bientôt, le visage couvert de la terre qu'une balle de tireur d'élite avait jeté dessus alors qu'il relevait la tête pour regarder, un homme rampa en arrière pour signaler au major S... qu'il avait vu une main faiblement levée comme pour essayer de attirer notre attention. Vérifiant la véracité de cette déclaration au péril de son nouveau gros casque *shikar* , S... a immédiatement appelé des volontaires pour tenter d'amener le blessé. « C'est une mince chance, dit-il, mais ce soleil de midi tuerait un homme. un homme indemne, allongé sur le visage pendant une heure là-bas. Nous devons faire une tentative.

Tommies crasseux , dont chacun avait levé une main attrayante alors que le mot pour les volontaires passait. « Profitez de la couverture de cette bande de dattiers et faites venir l'homme, c'est celui qui est le plus proche de nous, par le même chemin », ordonna-t-il à peu près comme il les aurait envoyés en patrouille. "En attendant, nous donnerons aux Turcs toute la diversion possible."

« Ensuite, nous avons commencé à parsemer les ports du vieux *khan* d'une manière aveugle et large, qui n'a eu que peu d'effet, car les tirs de mitrailleuses qui répondaient ne nous permettaient pas de lever la tête pour viser. . Une diversion suffisante a cependant été créée pour permettre aux volontaires de se frayer un chemin, apparemment sans être remarqués, jusqu'à l'extrémité la plus éloignée du massif de palmiers. Mais une pluie de balles les frappa alors qu'ils quittaient leur abri, et la dernière d'entre elles tomba alors qu'il était encore à une douzaine de mètres de l'objet de sa course. Les trois premiers à tomber restèrent immobiles, abattus, comme nous l'apprîmes plus tard, mais le dernier, malgré un fémur perforé, se ressaisit aussitôt et commença à ramper en avant. Ce n'est qu'à ce moment-là, j'en suis sûr, que les Turcs ont pleinement compris où nous voulions en venir ; Pour l'instant, bien qu'ils aient continué à nous garder à l'abri avec les jets de leur mitrailleuse, aucun autre coup de feu n'a été dirigé vers l'homme au sol. Il n'a pas non plus tenté de freiner ses progrès douloureux alors qu'il traînait l'homme qu'il avait été envoyé à la palmeraie. Et, ce qui est le plus beau, les Turcs n'essayèrent pas non plus d'éloigner un seul des quatre autres courageux qui, dédaignant la couverture des troncs de palmiers, se précipitèrent pour soulager leur camarade de son fardeau.

«Encouragés par la patience de l'ennemi, nous étions sur le point d'envoyer une escouade sous un drapeau blanc pour voir si d'autres blessés étaient en vie, lorsque des nuages de poussière à l'horizon sud ont averti le dirigeant turc que nos canons de campagne arrivaient. en haut; et, sa tâche de retarder la poursuite étant bien remplie, il se prépara à se retirer en balayant notre couverture d'une nouvelle fusillade. La seule porte du *khan* , ouvrant au sud, était entièrement couverte de notre position ; mais le Turc, plein de ressources, franchit froidement le mur nord avec un ou deux flocons de coton et, aussitôt que nous le comprîmes, toute la troupe – mitrailleuse et tout – partit en courant à travers le désert. Pendant deux ou trois minutes, ils furent pour nous une bonne note, et comme ils envoyèrent eux-mêmes plusieurs volées parthes, il n'y avait aucune raison militaire pour que nous n'ayons pas essayé d'en abattre quelques-uns. En fait, nous avons envoyé quelques volées superficielles ; mais si son tir à cette occasion était un critère quelconque de l'adresse au tir de la troupe de S..., qu'Allah lui fasse miséricorde lorsqu'il s'agit de véritables prises avec le Turc ! Aucun des fugitifs n'est tombé de sa selle, et je ne pense pas qu'un seul ait été touché. Si nous en avions fait ne serait-ce qu'un homme, imaginez ce que nous aurions ressenti lorsque, en prenant possession du *khan* , nous avons trouvé, soigneusement suspendus dans une crypte aux murs épais, bien à l'abri de tout danger de tir de notre fusil, trois peaux de chèvre de De l'eau claire et froide, tandis que la mention « Pour les blessés » était griffonnée sur le mur, en français et en turc. Comme nous étions nous-mêmes restés sans eau depuis des heures et que quelques tasses suffisaient aux deux ou trois blessés qui avaient survécu à la chaleur accablante du soleil, vous pouvez supposer que notre hostilité envers « l'innommable Turc » n'a pas été sensiblement accrue par ce dernier. incident.

« Celui qui a été secouru à tant de frais est décédé quelques heures plus tard, mais plutôt des suites du soleil que de sa blessure, qui était légère. L'homme qui l'a amené est en bonne voie de guérison et, j'espère, un VC"

IV

Ma lettre suivante, et ce qui s'est avéré être ma dernière, lettre de F...
m'est parvenue à Londres :

« Notre avancée générale a commencé et nous avons atteint notre
premier objectif important dans l'occupation du « Jardin d'Eden ». Non pas
le plus grand « Jardin d'Éden », dont le nom de Sir William Willcocks
s'applique à toute la Mésopotamie au sud de Hitt et de Samara, mais le site
traditionnel du Jardin à la rencontre du Tigre et de l'Euphrate. Ce fut
sûrement l'un des engagements les plus étranges de l'histoire. Le pays était
sous l'eau sur des kilomètres à la ronde, et les Turcs s'étaient fortifiés et
avaient choisi de s'établir sur le seul terrain sec de toute la région, une série
de collines basses – à peine dignes d'être qualifiées de collines – à l'arrière de
Kurna . Heureusement, l'artillerie dont ils disposaient n'était pas puissante.
Nous avions préparé l'assaut en plaçant partout des batteries d'obusiers
lourds suffisamment solides pour les soutenir, tandis que des canons plus
légers étaient montés sur les bateaux à vapeur et sur les barges.

« Après un bombardement intensif des positions turques, nos troupes,
depuis *les balems* et *gufas* jusqu'aux *kaleks* et canonnières, ont été ramées,
pagayées, perchées et poussées vers l'avant jusqu'à la limite du tirant d'eau de
leurs embarcations respectives. Puis ils entrèrent dans l'eau et l'assaut
commença. Heureusement, les canons turcs avaient été mis hors de combat
par nos obusiers, sinon ce demi-mile ou plus dans la boue et l'eau aurait été
une affaire très coûteuse pour nous. En fait, quelques barges et *kaleks* munis
de mitrailleuses furent amenés près des lignes ennemies et, le feu de ceux-ci
et des canonnières ayant rendu les positions turques pratiquement intenables,
les troupes n'eurent plus qu'à partir. et rassembler un groupe très important
de prisonniers qui avaient été coupés par un mouvement de flanc rapide
d'une colonne de Cipayes. Certains de nos hommes, dans leur empressement,
sont passés par-dessus bord dans les eaux profondes et ont dû, par
conséquent, jeter leurs équipements et nager pour y parvenir. En fait, un
certain nombre d'entre eux ont perdu bien plus que leurs armes ; et un groupe
que j'ai vu plus tard aider à conduire des prisonniers turcs à bord d'une
canonnière n'avait pas grand-chose qui les différenciait, sur le plan
vestimentaire, du père Adam dans les premiers jours de ce même « jardin
d'Eden ».

« J'ai eu un travail plutôt intéressant il y a quelques jours. Il s'agissait de
diriger une petite force d'élite à travers le pays et de détruire un pont de
bateaux que les Turcs s'efforçaient de maintenir sur le Tigre au tombeau
d'Esdras, à l'usage de tous les retardataires qui pourraient encore dériver du
sud.

« Vous vous souvenez de l'histoire biblique de cette célèbre structure. Le prophète Esdras, parcourant cette région dans sa vieillesse, sentant la main de la mort sur lui, ordonna à ses disciples d'attacher son corps à un chameau, de conduire l'animal dans le désert et, là où il se reposa finalement, de s'y reposer. faites le lieu de sépulture du saint homme . Le chameau s'est dirigé droit vers le cours le plus proche du Tigre, et c'est là que se dresse encore aujourd'hui le tombeau aux carreaux brillants qui a été élevé au-dessus de la dépouille du Prophète, une Mecque pour les juifs et les mahométans.

« Je n'ai pas réussi très brillamment mon travail de pont de bateaux. Nous sommes entrés dans un marais dans l'obscurité et y avons pataugé jusqu'à ce qu'il soit trop tard pour créer la surprise nocturne sur laquelle j'avais espéré au Tombeau d'Ezra. Nous y sommes cependant arrivés à l'aube et, principalement parce que les Turcs devaient penser que nous avions un fort soutien, nous avons réussi à inciter ces derniers à évacuer leur très bonne position autour du tombeau et à se retirer sur la rive est du fleuve. Nous nous établissions dans l'un des jardins du Tombeau, mais ne pouvions pas aller plus loin pour le moment à cause du feu vif et précis de l'ennemi de l'autre côté.

« La majeure partie de la journée, je m'étendais sur le dos dans un lit de pétunias sous le mur du jardin, et je me gaveais de grenades mûres que les balles turques coupaient sur les arbres au-dessus. Mais vers le milieu de l'après-midi, ils ont fait tomber quelques ruches du mur au milieu de nous et, comme nous portions des « shorts », sans rien pour protéger la jambe du mollet au genou, la suite a été très désagréable. un. Ces abeilles étaient si sûres que notre petit groupe inoffensif était responsable du bouleversement de leurs maisons, qu'ils se sont divisés en autant de bandes que nous étions des hommes et ont commencé, impartialement et systématiquement, à nous piquer à mort. Mes hommes étaient devenus incontrôlables en un instant, et je crois vraiment que, si un miracle moderne n'avait pas été opéré, une minute de plus nous aurions vu toute la meute, insouciante de bagatelles telles que les tirs de fusils et de mitrailleuses turques, se vautrer dans le Tigre, à cinquante mètres de distance.

« Le miracle a été accompli par un petit ange juif aux joues roses et aux pieds nus, de toute évidence le « berger des abeilles ». Trébuchant sans souci parmi les « victimes » qui se tordaient, inconscientes aussi bien de la menace des balles turques que des masses rugissantes des abeilles, elle installa les ruches percées dans un endroit sûr sous le mur, puis commença à frapper violemment avec un bâton sur un mur. vieux gong en bronze qui était suspendu à son cou par une lanière. Instantanément, les abeilles cessèrent de piquer et, cinq minutes plus tard, la dernière d'entre elles réintégrait sa ruche avec un bourdonnement satisfait. J'aurais pu embrasser les orteils bruns et trapus du petit ange de la miséricorde aux joues roses. Et là encore, permettez-moi de rendre hommage aux Turcs : bien que sa tête et ses épaules devaient leur être visibles au-dessus du muret, ils n'ont pas tenté d'arrêter d'une balle les travaux qui, s'ils l'avaient su, auraient été exécutés. tout cela nous a empêché de tomber tous entre leurs mains.

« Chacun d'entre nous était, bien sûr, dans un état bestial à cause des piqûres. Ma propre agonie à cause de cette source était infiniment pire que celle causée par une balle qui m'a labouré le crâne lorsque nous avons coupé le pont des bateaux après la tombée de la nuit ; en fait, si la vérité était connue, je pense que la douleur désespérée dans laquelle se trouvaient tous les garçons avait beaucoup à voir avec l'insouciance absolue dont ils ont fait preuve lorsque le moment est venu pour nous d'essayer de remplir notre mission. J'ai entendu un type dire à un autre qu'il avait peur de *ne pas* se faire tirer dessus, et tout le groupe a agi comme s'ils ressentaient la même chose. Heureusement, les Turcs n'avaient pas de projecteur, et il est probable que leur propre tir n'a pas peu contribué à briser le pont. En tout cas, il s'en alla sur le Tigre jaune en une vingtaine de tronçons, et nous — ou ce qui restait de nous — avec lui. Une demi-douzaine de Turcs impétueux qui, dans leur empressement à se rapprocher, étaient venus nous accueillir à mi-chemin, furent également emportés lorsque le pont se brisa. Après cela, c'était une affaire de *sauve -qui -peut* pour nous tous, et je suis désolé de dire que seulement un tiers environ des forces avec lesquelles j'ai commencé sont, jusqu'à présent, retournés à Kurna .

<h1 style="text-align:center">V</h1>

Je riais encore du récit de F... sur son expérience avec les abeilles quand, ouvrant le dernier numéro de la *Sphère* le lendemain après-midi, j'ai vu son visage familier me sourire au coin d'une des premières pages. « J'ai été mentionné dans les dépêches », me suis-je dit ; puis le titre de la page, sur laquelle figuraient une vingtaine d'autres portraits, rencontra mon regard : « Morts au champ d' honneur ; Officiers tués au combat. Il n'y avait aucun détail, pas même une date ; et il n'y avait rien de plus à apprendre derrière les portails de Whitehall reliés par des bandes magnétiques. Aux officiers du régiment de F..., combattant actuellement en Flandre, quelques détails furent finalement accordés ; et de l'un d'eux, que j'ai rencontré il y a quelques jours, pendant son congé à Londres, j'ai appris tout ce que j'ai pu recueillir jusqu'ici sur la mort de mon ami.

« Le travail de F... visant à couper le pont de bateaux sur le Tigre, dit-il, est considéré comme l'une des choses les plus audacieuses de la campagne mésopotamienne. Il méritait sans aucun doute une VC pour cela, et il est tout à fait possible qu'elle lui soit décernée à titre posthume. Il y fut légèrement blessé, mais il dut reprendre son service quelques jours plus tard. D'après le récit que nous avons reçu, il était en train de s'occuper d'un détail particulier lorsqu'il rencontra un certain nombre d'imbéciles du transport essayant de transporter plusieurs chameaux et mitrailleuses à travers un canal arrière de l'Euphrate sur un *kalek* , une sorte de radeau. constitué d'une plateforme légère reposant sur des peaux de mouton gonflées. L'un des chameaux avait percé un trou dans la plate-forme et était en train de démolir rapidement les peaux de support, lorsque F..., craignant de perdre les canons, s'enfuit à la nage pour tenter de remettre les choses en ordre. En essayant de dégager le chameau, il s'est esquivé sous le *kalek* , où, semble-t-il, sa tête blessée a été frappée par l'un des sabots acérés de la brute, et il a lâché prise et a coulé avant que quiconque puisse l'attraper. Une mort glorieuse, n'est- ce pas, pour un homme qui avait mené la vie de F … et qui, pour cette région particulière, était l'homme le plus indispensable à l'expédition ?

Deux mois se sont écoulés depuis la dernière lettre de F..., et la campagne mésopotamienne s'est déroulée selon les lignes générales qu'il avait prévues au début. Nasire et Amara sont tombés, et le début de l'hiver verra les armées se rassembler pour le combat final pour Bagdad, probablement dans cette même plaine de Shinar où les fleurs écarlates du désert entretiennent encore vivante la vieille croyance selon laquelle

Ne souffle jamais aussi rouge

La rose, comme là où certains César ont été enterrés, a saigné.

Car le destin a décrété qu'une fois de plus, la puissance de deux races rivales s'emparera de ce prix séculaire, le jardin d'Eden. Ève a été mise hors des portes lorsqu'elle a goûté au fruit défendu, et tout au long des âges, la même punition invariable a été infligée aux empires babylonien, mède, assyrien et autres qui se sont gavés du fruit défendu de la corruption. Courageux ennemi qu'il est, le Turc, écoeuré du même fruit défendu, a longtemps été marqué par l'inexorable justice des âges, et tous les précédents de la tradition, de l'histoire et de la stratégie suggèrent que l'heure finale de sa gestion de le jardin d'Eden est sur le point de frapper.

"C'EST UNE MANIÈRE QU'ILS ONT DANS LE CORPS AÉRIEN"

je

Cela faisait neuf ans que j'avais rencontré Horne pour la première fois lors d'une fête dans une *estancia* au cœur de la pampa argentine, et sept ans depuis que je l'avais vu pour la dernière fois lors d'un banquet donné au Jockey Club de Buenos Aires en son honneur , un jour ou deux après avoir mené ses quatre à la victoire en finale des championnats de polo de River Plate. Pourtant, malgré la pâleur d'un visage dont je m'étais toujours souvenu comme bronzé et un léger accroc dans sa démarche autrefois oscillante, je l'ai reconnu instantanément - c'était le regard vif et perçant, je pense, et l'éclat soudain des dents blanches. dans le sourire rapide - quand il m'a hélé d'un taxi qui passait et est revenu en boitillant le long du large trottoir de Whitehall pour me rencontrer.

"Qu'est-ce que cela signifie?" Ai-je demandé, en désignant son uniforme désinvolte du Flying Corps, après que nous nous soyons serré la main. «Je pensais que c'était l'armée dans laquelle vous étiez avant de démissionner pour devenir un *estanciero opulent* et un «homme de la Pampa».»

« C'est à l'armée que je suis revenu, répondit-il, et j'étais avec mon ancien régiment à Neuve -Chapelle lorsqu'un fragment de grenade à main a opéré une semi-solution de la continuité d'un de mes tendons d'Achille et a mis un point d'arrêt. sur mon utilité future dans cette branche du service. Cependant, « l'air » m'était encore ouvert et, comme j'avais déjà essayé de voler – j'étais le premier homme à piloter un avion à travers l'estuaire de la Plate –, j'ai reçu une commission presque immédiatement et j'ai ainsi perdu très peu de chose. temps."

"Mais ton visage et tes mains 'blanches'," insistai-je. "Je n'ai jamais entendu dire que l'air avait un effet blanchissant sur le teint."

«Oh… ça… » (Horne regarda distraitement une main aux veines bleues et traîna les pieds avec inquiétude), « cela doit provenir de mon sort de « CH » – confiné à l'hôpital. J'ai encore été un peu en cloque. Survol de la Belgique. J'ai été abattu et j'ai heurté la frontière de la Hollande un peu trop fort lorsque j'ai survolé la frontière. Télescope quelques vertèbres , c'est tout. Maintenant, sois un bon gars et arrête de poser des questions et viens avec moi et viens au Club.

Horne m'attendait pendant que je récupérais quelques chiffres promis au « Lloyd- Georgery », comme il appelait facétieusement le nouveau ministère des Munitions à Whitehall Gardens, puis il m'emmena dans l'un des clubs de service de Piccadilly. Là, sans me donner plus de chance de « le faire décoller », il se lança aussitôt dans des nouvelles et des réminiscences de la Plaque et de la Pampa. Quand je l'ai quitté à six heures, nous avions parlé pendant près de deux heures sans plus que la référence la plus fortuite aux événements de la guerre.

« Un fervent patriote, comme tous les autres jeunes Britanniques qui sont rentrés d'outre-mer pour se battre pour leur pays », pensais-je en déambulant dans Green Park ; "mais certainement pas passionné par son travail." J'ai même spéculé sur la question de savoir si Horne pourrait avoir des problèmes dans le service. Rien d'autre ne semblait expliquer la réticence de l'homme à l'égard de tout ce qui touchait à ses activités particulières.

Quelques jours plus tard, Horne m'a appelé pour me demander de dîner avec lui ce soir-là dans un vieux restaurant célèbre du Strand.

« 'S...'s' est un peu plus "joyeux et lumineux" que ce vieux tombeau de club," dit-il, "et quelques-uns des types du Flying Corps qui ont l'habitude de s'y retrouver lorsqu'ils sont à Londres le partez, vous trouverez des choses qui valent la peine d'être connues.

La réunion était encore plus informelle que ce à quoi je m'attendais. L'une des longues tables, semble-t-il, était réservée aux officiers du « RFC » et à leurs amis, et ceux-ci arrivaient par deux ou trois, selon leur convenance, de sept heures à dix heures.

Il y avait une demi-douzaine d'hommes à table lorsque Horne et moi entrâmes, et tous – ils avaient des stands pour une nouvelle « revue » – prirent aussitôt congé. L'un des membres du groupe était un Sud-Africain, un Néo-Zélandais et deux Australiens. Nous avons trouvé ce dernier penché sur la page des courses du Sydney *Bulletin* , tandis que le Néo-Zélandais essayait visiblement de persuader l' Africander qu'un troupeau laitier près de Wellington offrait de meilleures perspectives qu'une ferme générale en Rhodésie. L'un des Australiens, dont la famille était intéressée par une maison d'importation, s'est attardé un moment pour me demander si je pensais que la guerre allait faire monter le prix des machines agricoles américaines sur les marchés étrangers. Aucun d'eux n'a dit un mot sur le vol, et Horne s'est contenté de dire qu'ils étaient tous « de bons hommes – ce petit type de Nouvelle-Zélande vraiment « au top ».

Horne, avec les viandes d'Argentine en tête, commanda solidement et longuement, et trois ou quatre autres officiers prirent des repas hâtifs de rosbif et de whisky-soda devant notre *Chateaubriand* (qui représente l'équivalent anglo-français le plus proche de le *carne asado* de la Pampa) avait été fait à sa juste valeur sur les braises. Ceux-ci, comme les autres, parlaient des music-halls, de la patrie, du « temps pourri de Londres » – de tout et de rien, en fait, sauf la guerre en général et la guerre aérienne en particulier.

L'un, il est vrai, — il était venu de France seulement dans l'après-midi —, en parlant d'une main bandée, a parlé d'un doigt coincé sous la ceinture de sa mitrailleuse ; mais il ne semblait venir à l'esprit de personne de demander sur quoi il avait tiré, ou s'il l'avait touché ou non, ou sur l'une des douzaines d'autres choses au sujet desquelles, pour ma part, j'étais immédiatement consumé d'intérêt.

À neuf heures, tous ceux qui avaient des engagements au théâtre ou autres étaient venus et repartis, et les huit ou dix encore assis à table dînaient tranquillement avec la soirée entre leurs mains. Pourtant, même parmi ceux qui n'étaient pas pressés, il n'y avait aucune envie évidente de parler de leur travail. Au contraire, il me semblait discerner une tendance à l'éviter, à le « contourner ». Lorsqu'ils se souvenaient, c'étaient les amis et les événements de leur ancienne vie – « trekking », « caravaning », « randonnée », « mushing » ; Minuits arctiques et aubes tropicales ; d'étranges bric-à-brac d'aventures sur terre et sur mer - qu'ils ont évoqués. Et lorsqu'ils parlaient du présent, c'était en rapport avec de petits événements liés à leurs congés – avec les mérites comparatifs des magasins de « kits », des bains turcs, des favoris des « revues » , les avantages et les inconvénients de la restriction des boissons et les frais exorbitants. des dentistes.

Pourtant, chacun d'entre eux semblait fidèle à ce que j'ai depuis reconnu comme un type en développement rapide : le « type volant ». L'aviateur militaire d'aujourd'hui est choisi pour sa rapidité d'esprit et de corps, et la première chose qui frappe chez lui est une sorte de vigilance féline et printanière. Puis on remarque sa réticence, la réserve froide d'un homme dont le sort est de s'exprimer en actes plutôt qu'en paroles. Et enfin, il y a le sérieux tranquille, confinant presque à la tristesse, de l'homme qui doit se tenir prêt à regarder la Mort entre les yeux à tout moment, et pourtant garder son esprit détaché pour d'autres choses.

C'est l'officier le plus jeune, et donc le moins « formé », du lot – un garçon qui avait quitté sa plantation de cacao à Trinidad pour rentrer chez lui et se battre – qui était responsable de la seule discussion « d'atelier » de la soirée. Constatant qu'il mangeait peu et se passant constamment la main sur les tempes, quelqu'un lui demanda en plaisantant s'il avait « le mal du pays ou seulement le mal d'amour ».

"Ni l'un ni l'autre", répondit-il en relâchant ses lèvres serrées dans un sourire forcé. « J'ai eu un petit accident hier et depuis, j'ai eu deux maux de tête. Je n'arrive absolument pas à déterminer si cela vient d'une montée trop haute ou d'une descente trop rapide. Je suis monté plus haut et je suis descendu plus vite que jamais d'après mon expérience. J'ai bien atterri, mais depuis, j'ai l'impression d'être gonflé par une pompe à pneu qui entraînait de l'air dans chaque capillaire et chaque pointe nerveuse. J'ai l'impression que quelqu'un ouvre un vérin à l'intérieur. Supposons que j'aurais dû aller à l'hôpital et découvrir ce qui n'allait pas, mais je ne voulais pas gâcher mon congé. Peut-être que certains d'entre vous pourront me dire pourquoi j'ai l'impression de devoir continuer à maintenir ma tête ensemble pour l'empêcher de voler en morceaux, » conclut-il, pressant les talons de ses mains contre ses tempes pour compenser la pression apparente de l'intérieur.

Tout le monde s'arrêta de parler et se pencha en avant avec intérêt, et pendant un instant je crus que le rideau allait tomber et révéler quelque chose des expériences, sinon de l'esprit, de ces sphinx des airs vêtus de kaki. Le diagnostic froidement professionnel de Horne a anéanti tout espoir. « Altitude », prononça-t-il laconiquement. « Vous en avez plus de douze mille, n'est-ce pas ? Plus de treize mille ? Cela explique cela. Et vous êtes allé grand ouvert, essayant de retirer la « place de choix » à un Fokker, je suppose ? Bien sûr. Et quand vous êtes arrivé là-bas, vous avez commencé à avoir l'impression d'avoir l'air d'un poisson des grands fonds lorsque vous le sortez des lits de varech et que ses propres vessies le font exploser ? Un homme peut gravir quinze mille pieds en train ou à pied sans plus qu'un essoufflement et des saignements de nez occasionnels. Mais tout le monde — et même tous les pilotes expérimentés — ne peut pas supporter de sauter jusqu'à douze mille pieds dans la demi-heure pendant laquelle certaines des nouvelles machines peuvent franchir cette hauteur. La difficulté est presque entièrement physique, et tout dépend de la façon dont un l'homme est créé, que sa chair et son sang s'adaptent ou non à la pression soudainement réduite de l'atmosphère. On ne s'y habitue pas. Si cela vous «comprend» une fois, il est presque sûr que vous recommencerez. Au mieux, vous n'aurez peut-être qu'un violent mal de tête et une sorte de sensation de « chouette bouillie » pendant une semaine. Au pire, vous vous évanouissez, perdez le contrôle de votre machine et figurez parmi les victimes de « cause inconnue ». Avez *-vous* perdu le contrôle, par hasard ? »

"Je ne pense pas", fut la réponse. « C'est une deuxième machine allemande — que je n'avais pas vue — qui m'a fait tomber. Il est sorti d'un nuage en piqué du nez, a secoué sa queue et m'a donné un bain de balles régulier — le truc habituel des Fokker. Je suis presque sûr de pouvoir me souvenir de tout le chemin. Le fait est qu'avec ma machine dans l'état où elle se trouvait après son poivre, toute « erreur » de ma part l'aurait immédiatement déclenchée dans un saut périlleux. Non. Aussi pourri que je me sentais, je suis sûr que je suis resté « connecté » mentalement tout au long du parcours.

Horne secoua la tête d'un air dubitatif. « Vous pourrez peut-être tenir le coup », dit-il ; « Mais avant de vous essayer à d'autres tirs au gros gibier dans les hauteurs, mieux vaut faire quelques vols d'entraînement dans l'empyrée supérieur. Plus tôt un homme connaît sa limite d'altitude, mieux ce sera. Il y a beaucoup de travail utile en dessous de douze mille pieds pour l'homme qui commence à « exploser » – mentalement ou physiquement – au-dessus de cette hauteur.

La conversation redevint générale avant même que Horne ait fini de parler, car pour la plupart d'entre eux il n'y avait rien de nouveau dans ce qu'il disait. Seul l'homme à la gauche du jeune Antillais s'est aventuré à enquêter sur les détails de ce qui s'était passé, et ce n'est qu'en tendant l'oreille que j'ai pu saisir l'idée de cet échange à voix basse, presque monosyllabique.

"Tu as ton réservoir d'essence ?"

« Non, c'est une merveille. Mais je m'occupe de tout le reste. Hélice toute mâchée ; ailes une paire de tamis. J'ai heurté les bosses jusqu'en bas. Le sol était à peu près la chose la plus molle que j'ai touchée.

« Quelqu'un a-t-il compris le Hun ? »

"Aucun de nous. Mais il s'est lui-même obtenu. Il sortit d'une touffe de cirro -cumuli haute de quinze mille pieds et parut devenir fou ; en quelque sorte, je suis devenu fou. Il semblait essayer de m'enfoncer quand il a plongé, et la raison pour laquelle il m'a ennuyé à ce point, c'est qu'il n'a pas fait un effort pour me laisser une place. Il m'a manqué d'un cheveu et m'a presque bouleversé avec son vent. Mais il ne s'est jamais remis de sa plongée. J'ai juste semblé perdre le contrôle et j'ai commencé à aller d'un bout à l'autre. Tombé presque dans certaines de nos tranchées. J'ai atterri à huit kilomètres de son épave, sans rien d'autre que ma machine et mes nerfs.

« Quelqu'un a-t -il la première machine, celle après laquelle vous êtes monté ? »

"Non. Il nous avait tous talonnés. Les 'Archies' [2] des Huns ont fait tomber une de nos machines qui tentait de la suivre.»

[2] Argot des soldats pour les canons anti-aériens
. — LES RÉDACTEURS.

L'intérêt pour le « magasin » a diminué à ce moment-là, et la conversation que j'avais écoutée a viré des remèdes contre *les* maux de tête et d'une jolie infirmière écossaise dans un hôpital en France aux mérites comparés des chœurs « Empire » et « Alhambra » ; et je pus prêter mes deux oreilles à Horne, qui, depuis quelques minutes, prêchait savamment sur les pointes du croisement poney-pur-sang andin comme monture de polo.

II

Nos convives s'éloignèrent comme ils étaient venus – seuls, par deux ou trois – et à dix heures, Horne et moi étions seuls dans le salon désert avec nos cigares et notre café. Il s'attendait à ce qu'on l'appelle à dix heures trente, dit-il, et à mesure que l'heure approchait, je ne pus m'empêcher de remarquer qu'il devenait *désemparé* et nerveux, visiblement anxieux. L'appel arriva promptement, et c'est avec une expression d'appréhension mal dissimulée sur le visage qu'il se leva pour suivre le laquais invocateur jusqu'à la cabine téléphonique. Une minute plus tard, il revint en marchant dans les airs. À deux ou trois reprises , il a tenté de reprendre le fil perdu de la réminiscence argentine, pour finalement y renoncer, considérant qu'il s'agissait d'un mauvais travail.

« Je ne peux m'empêcher de vous dire que je viens d'avoir une très bonne nouvelle », s'est-il exclamé, le visage radieux. « Depuis six semaines maintenant, j'ai été hanté par la peur que la dernière secousse que j'ai eue me mette définitivement hors du jeu. Hier, j'ai été examiné par les médecins, et maintenant, après avoir été tenu toute la journée en haleine, on apprend que, en ce qui concerne le vol, je serai aussi bon que la pluie. Rien ne risque d'arriver qui puisse m'empêcher de rentrer dans quinze jours. Je pense que je dois être à peu près l'homme le plus heureux de Londres ce soir. JE--"

Il se retint d'un geste désapprobateur. « Vraiment, il faudra me pardonner mon éclat, mon vieux ; mais je n'étais pas à moitié sûr de ne pas être sur le point d'être invalidé. En plus, j'ai vraiment eu envie d'être debout toute la journée. La sorcellerie règne dans l'air depuis le lever du soleil. Je n'ai jamais connu de conditions de vol plus parfaites. Ce qui me rappelle d'ailleurs que les Zepp sont attendus dans les environs ce soir. Ils étaient sur la « Côte Est » hier soir, vous savez. C'est juste un peu trop clair pour leurs objectifs ; mais l'air lui-même est parfait, *parfait*. Il n'y a pas eu plus d'un ou deux autres jours de vol comme celui-ci depuis le début de la guerre. Vous ne pouvez pas le comprendre tant que vous n'avez pas été vous-même dans les airs. C'était dans le sang de tous ces types au dîner de ce soir. Ils parlaient de tout sur terre, sauf du vol ; et nous ne pensions à rien d'autre qu'à cela. N'avez-vous pas remarqué qu'ils étaient aussi agités que les lions du zoo une heure avant l'heure du repas ?

Mettant de côté toute réserve, Horne commença à parler de son œuvre : de son amour pour elle, de sa fascination, du rôle grand et de plus en plus important qu'elle jouait dans la guerre. C'était précisément ce sur quoi, espérant contre toute espérance, j'avais essayé de l'attirer toute la soirée ; et ainsi, allumant un nouveau cigare, je me laissai tomber avec contentement dans mon fauteuil pour jouer le rôle de l'auditeur reconnaissant. Mais à peine étais-je bien installé que Horne cessa brusquement de parler et se pencha en avant, la tête penchée, dans une attitude d'écoute attentive.

"Avez-vous entendu que?" Il murmura; "et ça, et ça?"

"Rien que le bavardage du premier dribble de la foule du souper", répondis-je. "Qu'est-ce que c'est?"

« Bombes », fut la réponse ; « Trois ou quatre d'entre eux. Et, je pense, des coups de feu. Les Zepp doivent être plus près de Londres qu'ils ne l'ont jamais été depuis octobre dernier. Descendons au remblai. Nous pouvons voir de là, si n'importe où. Ils ne s'éloignent jamais de la « route fluviale ».

Le Strand, rempli de foules provenant des théâtres qui se vidaient, était manifestement inconscient et sans alarme, et j'ai immédiatement accusé Horne de laisser le vin ou les « conditions d'air parfaites » lui monter à la tête. Il ne disait rien, mais, tout au long du petit canyon noir d'une rue que nous parcourions, il semblait écouter attentivement. Ce n'est que lorsque nous étions sur le point d'émerger dans le vide plus clair du remblai qu'il reprit la parole.

« Il n'y a plus eu de bombes », a-t-il déclaré, « mais je pense que les armes avancent bien. Si le son est trop faible pour votre oreille « non-écoute », peut-être que le fait que vous n'entendiez aucun manœuvre de train ni aucun sifflement à Charing Cross ou à Waterloo (vous connaissez le nouvel ordre qui arrête tous les trains pendant les raids aériens) vous convaincra que les Zepps sont là. Sinon, venez ici et ayez des preuves visuelles. Qu'en dis-tu ? Et Horne désigna, au-delà de la masse imminente de St. Paul's, l'endroit où le faisceau fixe d'un seul projecteur s'étendait bas le long de l'horizon est.

« Je vois assez clairement le projecteur, dis-je, mais où est le Zepp ?

"Prends mon verre", dit Horne en me tendant une petite paire de jumelles semi-pliables qui étaient évidemment un compagnon constant. "Maintenant, concentrez-vous sur ce point de lueur plus brillante, avec une ombre derrière lui, à mi-chemin du puits, juste là, juste au-dessus du dos du lion de droite, au pied de l'Obélisque."

J'ai fait comme indiqué , assez pour haleter d'étonnement comme un petit flou, si indistinct qu'il passe inaperçu des passants sur le quai, taillé en un long crayon à nervures jaunes, avec des points de lumière - des lucioles escortant un ver luisant — éclatant et disparaissant au-dessus, en dessous et autour de lui.

"Le premier Zepp à traverser Londres en six mois", ai-je éjaculé avec enthousiasme. « Combien de temps lui faudra-t-il pour arriver ici ? Ne ferions-nous pas mieux de nous éloigner de la rivière et de nous mettre à l'abri ? Mais non, continuai-je en regardant à nouveau à travers la vitre ; « Je ne pense pas qu'elle vienne par ici. Il semble rester immobile. Probablement au-dessus de W——, l'ancien objectif.

"Londres! W——! rit Horne. « Réalisez-vous que vous *n'avez* entendu aucune bombe et qu'aucun de ces gens n'a la moindre idée qu'il y a un Zeppelin en train d'attaquer, avec des obus qui explosent autour de lui, directement dans leur champ de vision ? Ce type est à vingt-cinq milles de là, et quant à son « vol stationnaire », vous pouvez être assuré que lorsque vous voyez un Zepp avec des obus incendiaires exploser *au-dessus* de lui, il est soit gravement touché, soit il avance à soixante-dix milles à l'heure vers la maison. hangars. En fait, je m'attendais à voir ce type commencer à chuter à tout moment. Il a évidemment rencontré de meilleurs canons et artilleurs que ceux sur lesquels il espérait. Ah ! Sans espoir!" (Horne saisit son verre et l'orienta rapidement vers le faisceau désormais agité du projecteur.) « Il est parti. Même la lumière l'a perdu.

Horne s'est retourné avec dégoût, a ouvert la voie jusqu'à un banc près du trottoir, a poussé une « dame de match » somnolente pour lui faire de la place et s'est assis avec lassitude.

« C'est un gibier glissant, le Zepp », observa-t-il ensuite, après avoir observé les vaines pataugeoires du projecteur en quête. "Je ne vous ai pas dit, n'est-ce pas, que c'est en essayant d'obtenir une Zepp que j'ai réussi à faire passer mon dernier cropper au-dessus de la Belgique ?"

"Vous savez parfaitement que vous ne l'avez pas fait", répondis-je en repliant un coin du manteau épars de la vieille vendeuse d'allumettes sur ses genoux et en m'asseyant dans l'espace libéré. "Allez-y."

« Je commençais une reconnaissance au-dessus d'un coin de la Belgique au moment où le Zepp revenait d'un raid au-dessus de la France. Je suis passé au-dessus de lui et juste après avoir largué ma première bombe, les "Archies" se sont ouverts sur moi depuis le sol et m'ont éteint au premier coup. Un travail joyeux et nerveux, avec ma machine à seulement quelques centaines de pieds au-dessus du Zepp . Un peu trop nerveux, peut-être, car je n'ai jamais été vraiment sûr dans mon esprit si c'était ma bombe ou celle des canons allemands qui avait envoyé le Zepp - pas détruit mais plutôt en mauvais état - dans un champ de betteraves sucrières. . Je me dirigeais--"

"Juste un instant", l'interrompis-je, anticipant la fin du récit à la fin du prochain souffle de Horne. « Vous renversez votre histoire de la même manière qu'un Zeppelin sous le feu largue ses bombes. Maintenant, s'il vous plaît, sauvegardez et dites-le correctement. La nuit est jeune, les pillards se dirigent maintenant vers la mer, et la dame et moi sommes là pour vous suivre jusqu'au bout.

III

Horne rit avec inquiétude, fouilla dans ses poches à la recherche d'allumettes, déroba une boîte sur le plateau incliné de notre compagnon hochant la tête, laissant six pence à la place, alluma sa pipe, tira pensivement pendant une minute ou deux ; et même après toute cette préparation, il commença à s'excuser.

« Je ne sais pas si j'ai déjà raconté l'histoire depuis le début », a-t-il déclaré, « et je suis absolument sûr de n'avoir jamais beaucoup parlé de la fin. Si je bavarde un peu ce soir, vous pourrez comparer cela avec la bonne nouvelle que j'ai eue il y a quelque temps – et avec l'air. Un homme pourrait presque marcher sur l'air comme c'est le cas aujourd'hui, et une machine y glisserait comme si on déchirait de la soie. C'est drôle, mais c'est à l'aube, après une nuit presque semblable à celle-ci, que je suis parti sur le vol dont j'ai parlé.

« Il y a trois facteurs principaux dans le vol, » — Horne parla encore plus librement en s'écartant des généralités — « l'homme, la machine et l'atmosphère. Théoriquement, l'homme et la machine sont censés être envoyés dans un ordre parfait, prêts à prendre l'air au fur et à mesure qu'ils le trouvent. Il y *a* bien sûr des jours où vous êtes « éteint », où votre machine est « grincheuse » et où l'air est tout en « hauteurs » et en « creux », et à ces moments-là, il est presque sûr qu'il y aura un « passage orageux », si rien n'est fait. pire. Cependant, il s'agit généralement d'un homme et d'une machine assez aptes à affronter l'air indifférent. Mais une ou deux fois par an, il arrive une période, comme les dix-huit dernières heures, où l'air est presque absolument « homogène », et alors, avec son moteur tournant « doux », l'homme a des moments où il se prend pour un « dieu de l'air ». en fait aussi bien que de nom, et agit en conséquence, invariablement soit pour son propre chagrin, soit pour celui de son ennemi.

« C'était comme ça le matin dont je vous parle : l'homme, la machine et l'air en harmonie, oui, et avec le résultat habituel. Je me serais souvenu de ce vol pour plusieurs raisons, même si le Zepp n'était pas venu ; d'une part, à cause de notre descente dans le sillage d'un obus « 42 » ; d'autre part, à cause du bombardement épouvantable qu'ils nous ont infligé ou tenté de nous infliger lorsque nous avons franchi les lignes allemandes.

« La rencontre avec l'obus n'était qu'une de ces expériences bizarres qui pourraient arriver à n'importe qui , ou, tout aussi bien, ne jamais arriver du tout. C'était à l'époque dont je parle que les Allemands s'amusaient à bombarder à longue distance N... avec leurs plus gros canons, et nous...(J'avais avec moi un officier observateur, un type nommé K..., que vous dont j'ai peut-être entendu parler comme un coureur de fond) - s'est simplement retrouvé par hasard dans la trajectoire d'un obus quelque part vers le dernier quart de sa trajectoire. En regardant de loin, on voit toujours une de ces brutes se précipiter, mais celle-là, on l'entendait seulement, — et on la sentait — et c'était comme deux trains express allant dans des directions opposées et passant à toute vitesse. Il y eut une sorte de bourdonnement étrange et doux, qui se transforma en un rugissement précipité en deux ou trois secondes, un coup provenant d'un solide mur d'air qui ressemblait à une collision avec le côté d'une maison, et puis, pendant deux ou trois minutes, une série de bosses comme si on traversait une route en velours côtelé dans un chariot sans ressort.

« Je ne sais pas si nous avons beaucoup gêné la trajectoire de cet obus, mais l'obus a presque mis fin à *notre vol sur-le-champ*. Seul le fait d'avoir affronté de front le premier grand courant d'air nous a sauvé. Je n'aurais pas eu une chance sur mille de « correction » si elle nous avait pris de côté - et même ainsi, la machine, malgré sa vitesse de soixante-dix milles à l'heure, était debout sur son gouvernail. comme un cheval cabré. Après cette première « collision », notre vol flottant dans le sillage du « 42 » n'était que « bizarre », mais avec une sensation différente de tout ce que j'avais jamais connu.

«Je n'ai aucune idée à quel point nous sommes proches l'un de l'autre. Mon impression du moment était que la distance était inférieure à cinquante mètres, même si elle était sans doute beaucoup plus grande. Bien entendu, nous n'allions pas dans des directions exactement opposées, car l'obus devait descendre selon un angle considérablement plus grand que celui sous lequel nous remontions. Pourtant, les « vagues aériennes » provoquées par le passage du petit messager de bonne volonté du Hun dans cette étendue d'atmosphère lisse étaient suffisamment lourdes et persistantes pour maintenir ma machine en l'air pendant plus d'un mile.

« L'air circulait près de nous dans une rivière rapide et régulière alors que nous approchions des lignes allemandes, et je ne me souviens jamais avoir été capable de grimper aussi rapidement et facilement. Heureusement, c'était aussi que l'ennemi - probablement en prévision d'une poursuite de ses pillards de retour - avait tout son « arrière-pays » de tranchées planté de canons anti-aériens, à la fois fixes et mobiles. Il y avait une petite bande qui s'épanouissait comme un jardin de coquelicots alors qu'ils s'ouvraient sur nous, et pendant environ une minute, la fumée des éclats d'obus qui s'étendaient formait elle-même un petit nuage de bonne taille. Mais ils n'ont jamais eu de réelles chances de nous avoir. Mon bon petit moteur, chantant comme le vent dans les fils téléphoniques, m'avait permis de monter à plus de quatorze mille pieds sans broncher et à cette hauteur on est bien plus à

l'abri des obus dans un avion que des taxis en traversant le Strand. . K——
sentait un peu l'altitude, je pense ; Je l'ai vu essuyer le sang de son nez et poser
ses mains sur ses oreilles, mais il n'a montré aucun signe de réelle détresse.
Quant à moi, à part un petit gonflement des doigts et un tambourinage aux
tempes, j'étais tout à fait comme d'habitude.

« Nous avons survolé les principaux « bouquets » des « Archies » sans
même sentir le coup des obus qui éclataient sous nous ; mais en descendant
à dix mille pieds quelques kilomètres plus loin, nous avons rencontré une «
plante » inattendue et les balles d'obus ont volé autour de nous pendant une
minute ou deux. Une vingtaine de petits trous bien nets brillaient dans les
ailes, et un morceau amical de balle – épuisé, mais encore chaud à cause de
son vol aigu – tomba doucement sur mes genoux et roussit légèrement le pli
de mon manteau dans lequel il trouvait logement. Puis nous avons laissé ce
nid de jument derrière nous et tout est redevenu plus fluide.

« Ce n'est que quelques minutes plus tard, et avant que le travail pour
lequel nous étions venus ait commencé, que K... a pris un Zepp à travers son
verre et a commencé à me rapporter sa progression au téléphone. Au début,
il volait très haut, sans doute pour rester au-dessus des tirs des canons en
traversant nos lignes. Une fois terminé, cependant, il descendit rapidement,
probablement, comme le suggérait K..., dans le but d'attirer les avions
poursuivants à portée facile des « Archies » allemands. Si tel était le plan, il a
été extrêmement réussi ; car K... rapporta bientôt qu'un de nos
«poursuivants» tombait en flammes, qu'un autre planait vers nos propres
lignes et que deux ou trois autres faisaient demi-tour. Je pouvais voir le
maraudeur moi-même à ce moment-là et remarquai qu'il semblait se diriger
à environ vingt-cinq degrés à l'ouest de moi et voler déjà à un niveau
considérablement inférieur aux douze mille pieds que j'avais atteint en
courant pour atteindre le maraudeur. loin du dernier spasme des coups de
feu.

« C'est cette hauteur imposante, ainsi que le fait que mon moteur
tournait aussi doucement qu'au démarrage, qui m'a déterminé à prendre la
main dans le jeu à ce stade. Toujours en bonne position, je me suis
rapidement dirigé vers l'autre côté pour couper la route au prodigue qui
revenait. Pendant une minute ou deux, le Zepp soit ne m'a pas reconnu
comme « ennemi », soit m'a complètement ignoré. Mais bientôt une forte
accélération de ses moteurs fut apparente, et pendant un instant je crus qu'il
allait me défier pour un concours d'escalade, généralement le premier recours
d'un Zepp . Mais quelques secondes plus tard, il avait modifié sa trajectoire
sur près d'un demi- quadrant et s'était dirigé à toute vitesse, commençant en
même temps à descendre selon ce que je pensais être un angle d'environ dix
pour cent, ou cinq cents pieds par mille. . La ruse – pour m'attirer vers une
ligne cachée d'« Archies » dans cette direction – était évidente comme le jour

; mais j'avais trois mille pieds d'altitude, le pouvoir de brûler, et, de plus, j'étais profondément mordu pour le moment par ce virus du « dieu de l'air » dont j'ai parlé. Il me semblait aussi naturel que je poursuive des Zepps qu'un fox-terrier poursuive des poules. Sans plus réfléchir, j'ai accepté le défi et me suis lancé à la poursuite de la « saucisse » qui roule à toute allure.

« Il ne m'est vraiment jamais venu à l'esprit d'en discuter avec K..., mais, tel l'atout qu'il était, il n'a jamais montré par un mot ou un signe que l'inclinaison des dirigeables n'avait pas été incluse dans nos ordres. Lui aussi a immédiatement déclenché le jeu.

« 'Des armes probablement dans cet épais bouquet d'arbres près du petit étang', dit sa voix lointaine au téléphone. « Mieux vaut l'attraper aussi loin que possible de ce côté-ci. Un de ses moteurs a gravement disparu et il ne va pas très vite.

« Avec un quart d'heure au lieu de quelques minutes pour travailler, j'aurais préféré rester à un niveau relativement élevé et ne descendre, pour larguer mes bombes, que sous un angle qui m'aurait tenu assez bien à l'écart. de la portée des canons du Zepp . Mais l'avertissement de K... était trop judicieux pour être ignoré et, dans ce cas, le chemin le plus rapide était aussi le seul. Dans l'état actuel des choses, c'était vraiment presque un piqué, et j'en ai fait la première moitié avec les gaz grands ouverts. Nous avons trouvé le Zepp si vite qu'il semblait presque qu'un géant avait pris le gros sac à essence dans sa main et nous l'avait lancé.

« Le crépitement des balles de mitrailleuse n'a retenti que pendant une seconde ou deux — ce n'était pas sans rappeler le fait de marcher sur un arroseur de pelouse — et, autant que j'ai pu le voir, n'a fait aucun mal. Puis, froid comme de la glace pour le travail en cours, j'ai tiré droit le long de la colonne vertébrale jaune du dirigeable, lâchant quelques bombes avant que ma vitesse effroyable ne m'emporte au-delà de ma cible.

« À ce moment-là, un véritable torrent d'obus éclata autour de moi — les touffes de fumée faisaient ressembler le bosquet d'arbres encore lointain à un champ de coton — et presque au même instant il y eut un fort courant d'air venant d'en bas. La machine a vacillé de façon vertigineuse sur l'extrémité d'une aile pendant un moment, et j'ai juste réussi à la redresser à temps pour libérer une main et saisir la queue du manteau de K... alors qu'il, apparemment inconscient, commençait à basculer sur le côté. Je ne me souviens pas du tout très clairement d'avoir réussi à le remettre à sa place.

« Je n'ai pas eu l'occasion de revoir attentivement le Zepp ; Je sais seulement qu'il est descendu rapidement, bien qu'apparemment pas totalement incontrôlable. Ma machine, bien que très sollicitée, semblait avoir encore beaucoup de « kick », même si l'odeur d'essence dans l'air n'était pas une indication encourageante que sa « vitalité » continuerait. L'élan de ma descente m'a rapidement mis hors de portée de cette petite batterie malveillante mais isolée d'« Archies » – heureusement aussi, dans la direction que je voulais aller.

« Juste avant de survoler le Zepp , c'était pendant que les balles des mitrailleuses crépitaient encore, je me souviens depuis que K... m'a téléphoné pour me donner le relèvement au compas du point le plus proche de la frontière néerlandaise et m'a dit que c'était " notre seule chance si les choses tournaient mal. (Il n'a donné aucune indication sur le fait qu'ils s'étaient déjà « trompés » avec lui.) Bizarrement, les chiffres m'étaient restés en tête, et c'est dans cette direction que j'ai fait un virage dès que la machine était à nouveau sur la quille. Ce n'était pas loin, Dieu merci, et, en partie en planant , en partie grâce à la puissance de ce courageux petit moteur à moitié alimenté, j'ai réussi à suivre assez longtemps pour franchir le fil supérieur de la clôture et m'entasser en tas dans le limon hospitalier de la bonne vieille Hollande.

Une douzaine de questions tombèrent les unes après les autres sur le bout de ma langue avide, et la vieille « dame des allumettes », qui avait ronflé paisiblement tout au long de la narration régulière de Horne, remua et marmonna irritablement face à cette perturbation inhabituelle. Mais Horne, se levant et faisant travailler ses articulations raides, essaya de répondre à tout d'un seul coup.

« Je ne sais pas à quel point le Zepp a été blessé , ni si c'est moi ou les « Archies » des Huns qui l'avons fait. K—— est décédé dans un hôpital néerlandais, sans avoir repris pleinement conscience, deux jours plus tard. (C'est une balle d'une mitrailleuse du Zepp qui l'a tué.) Je ne peux pas vous dire comment j'ai réussi à sortir de Hollande ; et » – alors qu'un sifflement sourd retentissait de Charing Cross et qu'un œil cagoulé jeta un coup d'œil prudent hors du hangar noir – « les trains repartent ; nous pouvons donc supposer que le petit visiteur que nous observions est maintenant au-dessus de la mer du Nord et sur le chemin du retour pour se coucher. Je pense qu'il est grand temps que nous suivions son bon exemple sur ce dernier point. Bonne nuit et fais de beaux rêves, maman. Et il m'a pris le bras et a commencé à me ramener au Strand pour arrêter un taxi.

Horne est de retour au travail depuis un mois maintenant et, autant que j'ai entendu, sans récidive de malchance. La semaine dernière, j'ai rencontré un autre ami argentin, un médecin revenu pour « faire sa part » auprès de la Croix-Rouge. « Horne a brillamment réussi son vol », a-t-il déclaré ; « vous a-t-il raconté quelque chose de ses exploits ?

"Seulement un peu de pinceau avec un Zeppelin", répondis-je, "et peu de détails à ce sujet."

«C'est tout ce qu'il a jamais dit à personne . Pourtant la patrouille hollandaise jure qu'il est descendu en Hollande avec le pan de sa blouse d'officier d'observation à moitié mort dans les dents (seule chose qui a empêché le bonhomme de tomber) ; et il y a aussi toutes les raisons de croire que ce sont ses bombes qui ont fait tomber ce Zepp , et qui l'ont aussi gravement mis en cloque. L'un ou l'autre d'entre eux lui apporterait n'importe quoi, de la Croix militaire à la VC s'il voulait en raconter ne serait-ce que l'histoire simple et sans fard. Mais cet idiot chimérique a rendu son rapport si confusément évasif qu'il n'y avait tout simplement rien sur quoi son commandant pouvait s'appuyer. C'était à peine suffisant pour mériter d'être mentionné dans des dépêches en l'état, et encore moins pour mériter une décoration. C'est bizarre, mais ils disent qu'ils ont eu le même genre de problèmes avec un certain nombre de types volants. Il semble que ce soit une sorte de culte chez eux. Je ne peux pas non plus dire que c'est totalement mauvais.

REQUINS DE L'AIR

Le raid maritime, le raid terrestre, le raid aérien - tel était le trio de bugaboos sous la menace duquel la Grande-Bretagne, non envahie, presque non menacée, pendant mille ans, s'agita avec inquiétude au déclenchement de la guerre et tourna des yeux anxieux vers le plomb. rideau de brume qui voilait la mer du Nord. Puis le bouledogue de la Marine, après quelques hésitations, serra les dents dans une emprise de plus en plus serrée, et avec les halètements mourants de la puissance maritime allemande, la menace des raids maritimes et terrestres disparut pour de bon. En ce qui concerne l'Angleterre, seules les voies aériennes étaient laissées ouvertes à l'Allemagne ; seule restait la menace du Zeppelin.

Et lorsque les semaines se sont transformées en mois, et que l'été a cédé la place à l'automne, et l'automne à l'hiver, sans les menaces de bombardements du ciel, le nom de Zeppelin a cessé d'intéresser le Britannique impassible, qui vient tout juste de se rendre compte qu'il avait une tâche immense à accomplir au-delà de la mer. Le maintien de l'immunité engendra le mépris, et même les aides d'avant-garde du printemps 1915 ne parvinrent pas à sortir Londres de son calme impassible. Au milieu de l'été, elle montrait des signes d'ennui avec tout ce sujet, et les bouffonneries astronomiques des comédiens dans ses music-halls bondés commençaient à être accueillies par des bâillements venant des étals. Elle commençait à s'impatienter de ses rues sombres, et le captieux « Pro Bono Publicos » écrivait aux journaux pour exiger plus d'éclairage et un retour général au « Business as Usual ».

Les « autorités » faisaient encore semblant d'être prêtes. Les soi-disant canons anti-aériens – en réalité un lot quelconque de munitions, laissées après que la plus adaptée des rares pièces disponibles eut été réquisitionnée pour être utilisée en France, sur la côte ou par la Marine – avaient encore leurs équipages d'une demi-personne. des amateurs entraînés, et les faisceaux dorés des projecteurs continuaient de tourbillonner, de plonger et de faire la révérence dans leurs menuets nocturnes. Des seaux d'eau et des caisses de sable étaient prêts à être utilisés en cas d'urgence dans les galeries d'art et les musées, et sur les panneaux publicitaires, des affiches bien visibles donnaient avec une précision méticuleuse des instructions sur la manière d'agir si les bombes Zeppelin commençaient à pleuvoir à proximité. À la première vue d'un dirigeable hostile, nous a-t-on dit, nous devions nous rendre immédiatement à la cave la plus proche, et au cas où une sensation de brûlure dans les narines indiquerait la libération d'un gaz délétère, la bouche et le nez devraient être recouverts d'une double couche humide. pansement contenant une couche de carbonate de soude. Certaines pharmacies affichaient à leurs vitrines des respirateurs anti-gaz brevetés, mais aucune n'admettait avoir jamais fait l'objet d'une demande pour un tel produit.

« Nous avons une guerre à mener. Zepps ce n'est pas la guerre; fergit - les . C'est ainsi qu'un conducteur de bus londonien m'a résumé la situation, et c'est ce que semblait ressentir la majorité de ses concitoyens de toutes classes sociales.

Tel était, en ce qui concerne les Zeppelins, l'esprit de « Londres et les comtés de l'Est » – pour reprendre l'expression officielle – alors que l'été 1915 allait et venait. J'essaierai de montrer comment cet esprit a affronté les événements éprouvants des mois qui ont suivi par quelques extraits de mon journal. Par respect pour les souhaits de la censure britannique, les noms de plusieurs points de Londres ont été légèrement modifiés.

je

À bord du yacht ——
en voyage,
Wroxham Broad à Hickling Broad.

Août-.

Nous avons navigué et juré le long de la rivière et du canal hier, et dans l'après-midi nous nous sommes amarrés à la rive à cet endroit, qui n'est qu'à un mille ou deux de la mer du Nord. Les journaux du matin, que nous avons récupérés en traversant le petit village de Potter Heigham , contenaient un bulletin officiel faisant état d'un raid de Zeppelin sur les « comtés de l'Est » la nuit précédente ; et plus tard dans la journée, on nous apprit que Lowestoft , le port des grands chalutiers à environ vingt milles au sud-est, avait été lourdement bombardé. Un deuxième raid dans les environs semblait donc peu probable.

L'après-midi s'est terminé par une de ces courses-poursuites caractéristiques de soleil et d'averses si familières au *voyageur d'août* sur The Broads, et, nous prélassant à l'aise sur le pont après le dîner, nous avions observé la patrouille crépusculaire de l' avion , dont la silhouette noire était dessinée au pochoir sur le ciel lumineux de l'ouest. nuages, passez au nord depuis Yarmouth pour rencontrer ses congénères des hangars de Cromer. Une demi-heure plus tard, le staccato aigu de son moteur, plutôt que son image floue sur fond de lueur pâle, nous annonçait son vol de retour.

C'est deux bonnes heures après que les tambours du moteur de l'avion eurent cessé de se faire entendre qu'un nouveau son étrange devint audible, d'abord lointain, dans les bouffées de la brise nocturne qui s'accélérait, puis plus imminent et avec une insistance constante. Il s'agissait apparemment des explosions retentissantes de puissants moteurs à gaz, et bientôt, se mêlant à cela, on pouvait distinguer un claquement bourdonnant qui évoquait le vrombissement des hélices.

« Un autre avion », suggéra l'un d'eux. "Une flotte d' avions ", hasarde un autre. « Une batteuse dirigeable », opina un troisième. Et, à en juger par le bruit désormais presque écrasant, cette dernière était la plus proche de la vérité.

L'univers tout entier semblait s'être réduit à un puissant rugissement, et je me souviens distinctement que la drisse de grand-voile par laquelle je me soutenais vibrait au rythme de la mouture pulsée d'en haut. Pendant un instant, sentant plutôt que voyant, j'eus conscience d'une grande masse noire masquant les étoiles au-dessus de la rivière, puis, transperçant l'obscurité comme une épée flamboyante, l'éclair jaune d'un projecteur jaillit du vide sombre et courait en zigzags rapides d'avant en arrière à travers les marais et les canaux en contrebas. Tantôt on pouvait voir un troupeau de vaches se relever en chancelant, tantôt les joueurs de bridge surpris sur le pont de la péniche amarrée au-dessus étaient révélés, et maintenant nos propres yeux clignaient aveuglément dans l'éclat jaune avant que le puits de quête ne s'élançait vers le bas de la rivière. rivière pour mettre en lumière une cabane de pêcheur d'anguilles sur la digue et la charpente décharnée d'un imposant moulin à vent hollandais au-delà.

À présent, il trouva le coude abrupt à angle droit de la rivière, y frémit pendant une seconde ou deux, puis s'en alla, laissant derrière lui une obscurité encore plus vierge. Presque au même instant, la « Chose de Terreur » – une masse déferlante de moteurs rugissants et d'hélices cliquetantes – jaillit au-dessus de nous, suivie par un sillage confus de courants d'air contradictoires. Il descendait tout droit au-dessus du milieu de la rivière, à une hauteur ne dépassant pas 300 pieds, et sous sa masse vaguement devinée, des fentes et des carrés de lumière brillants, brisés par les ombres d'hommes en mouvement, traçaient les lignes de deux lignes sous-élingues. voitures. Un Zeppelin était passé presque à un jet de pierre.

Les phares de la voiture s'élancèrent brusquement vers le haut presque aussitôt que le coude de la rivière fut atteint, et au bout de quelques minutes le rugissement des moteurs se réduisit à un bourdonnement lointain et s'éteignit complètement. Dix minutes s'écoulèrent, pendant lesquelles le vieux pêcheur d'anguilles continuait à tendre ses casiers sur la rivière et les plaisanciers reprenaient leur pont interrompu. Puis un signal lumineux rouge éclata dans le ciel en direction de Yarmouth, et presque au même moment, clair et aigu, retentit le bruit d'un tir furieux d'artillerie légère. Cela n'a duré qu'une minute ou deux, et il s'est écoulé encore un intervalle de huit ou dix minutes avant qu'un bruit de tir encore plus lointain ne devienne à peine audible. Noyant le craquement de ces derniers coups de feu, soudain vint le roulement d'un lourd boum, rapidement suivi d'un autre, et d'un autre, et d'un autre, jusqu'à ce qu'une douzaine ou plus aient retenti. Puis le silence paisible du début de soirée reprit son emprise.

Le pêcheur d'anguilles finit de couler ses casiers avant de remonter la passerelle du yacht et de se lancer dans une enquête informelle pour savoir si nous avions ou non « la chance de voir le Zepp ». "'Eh, fais ça une fois avant », gazouilla-t-il. «'Euh prend le cap de 'e' riv'r et' puis 'eds off fu No'ich o' Ya'muth . Je pense que si tu savais que cette lande à tétras a longtemps disparu tu Ser Edderd Grey, euh, il l'a bien bombardé au fur et à mesure .

Ce matin, les journaux de Londres rapportent un nouveau raid sur les « comtés de l'Est », avec de nombreuses pertes ; également un récit de la façon dont un Zeppelin a été abattu dans la mer du Nord et détruit par des avions de Nieuport .

II

LONDRES , septembre —.

Les journaux d'hier faisaient le récit habituel d'un raid aérien sur les « comtés de l'Est », et dans la journée la rumeur courait qu'il s'agissait d'une tentative de bombardement de l'arsenal de Woolwich. Ce matin, ils ont finalement dû ajouter « et Londres » à la formule habituelle, car hier soir, pour la première fois, des bombes ont été larguées sur le cœur de la ville et sept millions de personnes ont assisté à l'ensemble du spectacle. C'était ce qui se rapprochait le plus du « grand raid » promis que les Allemands aient jamais réalisé, et aujourd'hui Londres – pour défendre la zone métropolitaine sur laquelle des armes ont été tirées pour la première fois depuis des centaines d'années – semble être en mesure de le faire. ont déclaré une sorte de demi-congé informel pour en constater les conséquences.

Pour les Londoniens, un raid sur Zeppelin ressemble beaucoup à la blague paradoxale de « l'homme assis sur l'épingle » : elle est plus drôle pour ceux qui ne comprennent pas. Pour ceux qui se trouvent dans la zone du raid, comme celui qui est assis sur l'épingle, c'est tout sauf ridicule. « Mais la zone du raid est si étroite, Londres si large ; les tués si peu, les Londoniens si nombreux. Si c'est le pire que les Huns puissent faire, continuez « comme d'habitude ! » » Il est indéniable que cela incarne l'esprit de Londres – même si elle pleure ses morts – au lendemain du premier grand raid aérien de l'histoire. Pour ma part, je dois admettre que j'étais un peu trop près du point de l'épingle, et que j'ai vu depuis un peu trop de « piqûres d'épingle », pour pouvoir considérer le détournement du point de vue de la grande majorité.

La nuit dernière, c'était clair, calme et sans lune - des conditions idéales pour Zeppelin - et en descendant de mon hôtel au Colisée à huit heures, j'ai remarqué que les projecteurs transformaient le dôme du ciel en un grand kaléidoscope avec leurs bandes tissées de lumières. luminosité. L'exercice d'échauffement était terminé lorsque j'entrais dans le music-hall et, rentrant chez moi à la fin du numéro de "top-liner", je choisissais mon chemin précaire à la lumière des étoiles et aux halos diffus de ce qui avait été autrefois lampadaires. J'étais au lit vers onze heures moins le quart, et ce n'est que quelques instants plus tard que le bruit lointain mais indubitable d'une bombe frappa mon oreille sans oreiller. J'étais en sursaut devant ma fenêtre orientée à l'est, et un instant plus tard, le rideau opaque de la nuit était réduit en rubans par les projecteurs qui s'éveillaient.

Pendant une minute ou deux, ils semblèrent tous chanceler, aveugles et vastes, à travers le ciel vide, puis, guidés par les explosions imminentes, l'un après l'autre, ils virèrent vers l'est et se concentraient sur un grand cône de lumière où deux ou deux trois minces éclats d'une vive luminosité glissaient plus près au-dessus des masses sombres des dômes et des flèches de la « Ville ».

Rapidement, sans dévier, sans relâche, ces petites touches jaune pâle apparaissaient, entraînant avec elles, comme par une sorte d'attraction magnétique, la pointe du cône formé par les faisceaux convergents des projecteurs. Les détonations des bombes retentissaient de plus en plus fort. Maintenant, ils éclataient par salves de trois ou de quatre ; maintenant individuellement à intervalles, mais avec jamais plus de quelques secondes entre elles. Une éclaboussure de lumière sinistre précédait toujours le bruit de l'explosion, suivie dans la plupart des cas par le saut rapide des flammes contre l'horizon. Beaucoup de ces incendies s'éteignirent rapidement, parfois par manque de combustible, comme dans une cour pavée de pierre ; le plus souvent, parce qu'ils étaient maîtrisés par les pompiers, dont les dizaines de moteurs résonnaient dans les rues, d'autres devenaient brillants et s'étendaient jusqu'à ce que les rayons jaunes des projecteurs pâlissent devant la lueur croissante du ciel oriental.

Le claquement de bois des hélices des pillards est arrivé à mes oreilles à peu près au même moment où la traînée étincelante de la mèche d'une bombe incendiaire contre le métier à tisser d'une flèche familière a localisé à peu près le fourgon de l'attaque, qui se trouve maintenant à environ un demi-mile. loin. Après cela, les choses se sont passées si vite que mes souvenirs, bien que photographiquement vifs, sont quelque peu déconnectés. Mon dernier acte « calmement calculateur » fut de mesurer l'un des dirigeables approchant – alors à environ vingt-cinq degrés directement au-dessus de moi – entre le pouce et l'index de ma main droite tendue, ceux-ci, étendus au maximum, encadrant considérablement l'espace. sac à gaz raccourci avec environ un demi-pouce en réserve.

Jusqu'à ce moment, la ligne de fuite presque constante poursuivie par les Zeppelins qui approchaient semblait aussi susceptible de les transporter d'un côté de ma position avantageuse que de l'autre ; c'est-à-dire qu'il ne *semblait* pas improbable qu'ils passent directement au-dessus de nous. C'est à ce moment-là, et ce n'est pas étonnant, que je me suis rendu compte que le sous-sol – pendant au moins une ou deux minutes – serait de loin préférable, sauf à des fins d'observation, à ma fenêtre du dernier étage. Cependant, avant que je puisse traduire cette impulsion discrétionnaire en action, une petite mais brillante lumière clignota deux ou trois fois sous le dirigeable de tête, et un ou deux changements furent apportés au cours de la trajectoire, dans le but possible (il est depuis venu à l'esprit de moi) de traverser le grand groupe de gares ferroviaires jointes à environ un demi-mile au nord. Cela signifiait que la bande des bombes serait coupée d'au moins cent mètres au nord-est et, poussé par la fascination du spectacle qui se déroulait, je restai à ma fenêtre.

minute suivante, les bombes tombèrent une à une à intervalles de trois ou quatre secondes. Puis la lumière clignotante s'éclaira de nouveau sous le chef, probablement l'ordre de « tir rapide », et immédiatement après un certain nombre de traînées de feu crépitantes, un peu comme les sillages de météores, s'allongeaient vers le bas sous chacun des deux dirigeables. (Je pourrais expliquer que je n'ai pas vu plus de deux Zeppelins à la fois, même si certains prétendent en avoir vu trois.)

Immédiatement après le largage des bombes, les lignes de tir formaient une courbe vers l'avant, mais à peu près à mi-chemin, leur chute était presque perpendiculaire. Alors qu'ils s'approchaient de la terre, le sifflement de l'air fendu – semblable mais pas aussi aigu que le cri d'un obus – est devenu audible, et une seconde ou deux plus tard, l'éclair de l'explosion et le roulement du boom étaient pratiquement simultanés.

Entre huit et douze bombes tombèrent sur une longueur de cinq pâtés de maisons et à une distance de un à trois cents mètres de ma fenêtre, les échos d'une explosion se mêlant à l'éclatement de la suivante. Des verres brisés tintaient à gauche et à droite, et un fragment d'ardoise du toit se brisait sur mon balcon. Mais le phénomène le plus remarquable fut le mouvement de l'air provenant, ou plutôt, de l'explosion. À chaque détonation, je me penchais instinctivement en avant et me préparais à recevoir un coup sur la poitrine, et voilà, il descendait sur mon dos. La même force mystérieuse a fait irruption à l'intérieur de ma porte à demi verrouillée, et tout le long d'un côté des rideaux carrés coulaient vers l'extérieur depuis les fenêtres ouvertes ou brisées. (Je ne me suis pas assis pour réfléchir à la question pour le moment, mais le phénomène s'explique facilement par le fait que, parce que la force des explosifs utilisés dans les bombes Zeppelin est invariablement exercée vers le haut, l'air du niveau inférieur est aspiré vers l'intérieur.) combler le vide ainsi créé. Cela explique également le fait que toutes les vitres brisées par les pillards sont tombées sur les trottoirs plutôt qu'à l'intérieur des pièces.)

Aussi formidable que soit le spectacle de la longue ligne de tirs s'étendant hors du champ de vision jusqu'à la ville et au-delà, il est indéniable que l'élément dominant du point culminant du raid était les Zeppelins eux-mêmes. Enhardis peut-être par l'absence de tirs d'artillerie, ils avaient ralenti pour leur salve d'adieu, de manière à être presque « en vol stationnaire » lorsque les bombes étaient larguées en face de mon point d'observation. Brillamment éclairées par les projecteurs, dont les faisceaux s'enroulaient sous eux comme les rubans d'une danse du mât de mai, les lignes épurées de leurs charpentes décharnées se détachaient comme des bas-reliefs en cire jaune. De temps en temps, l'un d'eux s'élançait violemment vers le haut, probablement lors du largage d'une lourde bombe, mais, contrôlé par des gouvernails et des avions, son mouvement avait en grande partie la puissance facile du dard d'un gros poisson. En effet, il y avait une forte suggestion de quelque chose d'étrangement familier dans la grâce souple de ces corps jaunes et élégants, dans les balancements et redressements rapides , dans les mouvements de guidage puissants de ces « queues » articulées et, tout à coup, l'image d'un « homme » décharné. "-mangeur" fouinant son chemin terriblement déterminé sous la quille d'un perlier des mers du Sud m'est venu à l'esprit, et les mots "Requins ! " Requins des airs ! a sauté à mes lèvres.

Tandis que les maraudeurs flottaient toujours avec un moyen de gouverne nu, affichant un dédain, l'ordre de tir inexplicablement retardé des canons fut affiché partout et, comme une meute de chiens aboyant la lune, et avec à peine plus d'effet, la « défense aérienne » de Londres entra en action. action. Tout, depuis les mitrailleuses jusqu'aux mitrailleuses de trois et quatre pouces, — pas une seule dans le lot construit pour le travail anti-aérien —, crachait le meilleur de ce qu'il avait. Les balles et les éclats d'obus montaient, puis redescendaient, sur les toits et les rues de Londres. Loin, bien au-dessous des dirigeables méprisants, les petites étoiles aux éclats d'obus crachaient leurs balles d'acier dans une impuissance malveillante, et en retour elles pleuvaient sur les tuiles et les pavés.

Soudain, un grognement bourru jaillit de la meute hurlante, tandis que les artilleurs d'une pièce d'artillerie jusqu'alors déchaînée recevaient l'ordre de se joindre à l'attaque. Au premier coup de feu, un éclat d'étoile piqua la nuit à l'arrière du deuxième dirigeable, et bien en ligne avec lui ; une seconde explosa assez au-dessus ; et puis, tout à coup, j'ai eu conscience que les projecteurs jouaient sur un nuage grandissant de brume blanche qui s'éloignait vers le nord-est. Le Zeppelin s'était visiblement inspiré du livre du calmar.

Le tintement des balles d'obus sur le toit m'a fait descendre à ce moment-là pour rejoindre le rassemblement de mes convives au rez-de-chaussée, où, lorsque le directeur a attiré l'attention sur le fait que mes genoux tremblaient à cause du froid, j'ai été heureux de profiter du prêt de son pardessus. Je n'ai pas manqué d'apprécier sa délicatesse en attribuant au froid le frisson indéniable de mon corps, et je n'ai pas encore tout à fait décidé dans quelle mesure l'air froid de la nuit, me tenant dans une position tordue et à l'étroit pour lever les yeux , et le pur funk en partageait la responsabilité.

J'ai été sous des tirs d'obus à plusieurs reprises, et j'avoue très franchement que je ne me suis jamais senti aussi « paniqué » que pendant cette longue demi-minute pendant laquelle les dirigeables semblaient sûrs de passer directement au-dessus de nous. L'explication, me semble-t-il, peut être trouvée dans le fait que, dans les tranchées ou dans un fort sous le feu, on se trouve au milieu d'hommes calmes, déterminés et souvent insensibles qui répondent aux attentes dans le cadre d'une guerre. le travail quotidien, tandis que dans un raid de Zeppelin, on est plus ou moins inconsciemment affecté par le caractère inattendu de celui-ci et par la terreur très naturelle des non-combattants non endurcis. Quoi qu'il en soit, dire qu'il n'y avait pas une sorte de terreur très contagieuse « dans l'air » à proximité immédiate de la zone du raid de la nuit dernière équivaudrait à dire quelque chose qui n'était pas vrai pour mon propre quartier .

Dès que les tirs ont cessé , j'ai enfilé mes vêtements de ville et je me suis dépêché de sortir, atteignant la « Place » peut-être dix minutes après la chute de la dernière bombe. Cette terreur qui couvait encore était évidente sur les visages blancs et anxieux aux portes de la rue et sur les grilles des sous-sols, mais un esprit montant a été enregistré dans les conseils gratuits criés par les «Bottes» à l'entrée d'un hôtel corpulent et à l'allure assez teutonique. monsieur qui allait souffler sous un réverbère.

"Inutile de vous dépêcher , monsieur", gazouilla le jeune irrépressible. "Le dernier Zepp pour Berlin vient de se retirer."

Au bout d'un pâté de maisons, mes pieds craquaient du verre à chaque pas, et quelques instants plus tard, j'étais dans la direction directe du raid. Par un étrange hasard – il est impossible que cela ait pu se produire intentionnellement – la dernière pluie féroce de bombes s'est abattue sur la partie de Londres où les hôpitaux sont plus nombreux que partout ailleurs ; Et pourtant, alors que chacun d'entre eux était sans fenêtre et marqué par les explosions survenues dans les rues et les places adjacentes, aucun ne semblait avoir été touché. Un grand bâtiment entièrement consacré aux troubles nerveux était un véritable chaos d'hystérie, et les infirmières auraient eu beaucoup de mal à prendre en charge leurs patients. D'un autre, consacré à la paralysie infantile, aux maladies de la hanche et à d'autres affections infantiles, arrivait un chœur pitoyable de lamentations aux aigus de bébé. Les autres hôpitaux, dont un ou deux hôpitaux étrangers, semblaient poursuivre tranquillement leur part du travail de secours , accueillant et soignant les victimes aussi vite que possible.

Les incendies, à l'exception de quelques larges lueurs en direction de la ville et d'un joyeux geyser de flammes provenant d'une conduite de gaz cassée dans le pâté de maisons voisin, avaient disparu comme par magie, et la plupart des endroits où les bombes étaient tombées dans les environs ne pouvait être localisé que par les petits groupes de personnes devant les portes grillagées, ou en suivant un tuyau d'arrosage provenant d'un moteur.

À l'exception d'une civière couverte occasionnelle transportée vers une ambulance en attente, les tués et les mutilés étaient peu visibles ; et sans une rencontre fortuite avec un ami qui effectuait une sorte de travail chirurgical bénévole, je n'aurais pas réussi à avoir un aperçu intime du côté le plus sombre du raid. Je l'ai bousculé jusqu'à une barrière où la foule était retenue pour accéder à un immeuble bombardé, et il m'a immédiatement mis à son service.

« Ils essaient de retrouver des enfants au deuxième étage. Quatre d'entre eux, tous dans une seule pièce », a-t-il expliqué. « Deux étages au-dessus se sont écrasés sur eux. Tout le monde s'est pédé, et j'ai besoin d'un peu de cognac pour les remonter le moral . Tu es frais. Prends ce brassard et préviens la police à la porte que je t'ai envoyé.

La petite bande kaki aux lettres m'a dépassé devant le cordon de police et je me suis retrouvé dans le couloir éclairé par des lanternes d'un immeuble en brique branlant, comme on en faisait des immeubles d'habitation à Londres il y a trente ou quarante ans. Deux corps recouverts de couvertures gisaient sur le sol attendant d'être transportés à la morgue, et un troisième, horriblement mutilé, mais respirant encore, était hâtivement bandé par un médecin avant d'être envoyé à l'hôpital. Une douzaine d'enfants pleuraient dans une pièce donnant sur le couloir, et là aussi, une femme hystérique en chemise de nuit, le visage et les mains ruisselants de sang, était empêchée par deux policières en uniforme de gravir l'escalier affaissé. .

Un pompier qui s'était effondré sur le sol m'a donné sa hache et un agent spécial muni d'une lanterne m'a guidé dans les escaliers tremblants jusqu'à un petit appartement à l'arrière, où plusieurs hommes, identifiés par des brassards comme des sortes de volontaires, attaquaient le bâtiment. un tas de *débris* qui remplissait la majeure partie d'une des pièces. Quatre enfants dormaient dans cette chambre, a expliqué le policier, et l'un d'eux avait été entendu gémir il y a quelque temps. Il n'y avait pas de lumière sauf une lanterne et une lampe torche, a-t-il ajouté, et tout le monde était mort ; mais ils allaient quand même s'y tenir aussi longtemps qu'il y aurait une chance que le « pinceur » soit en vie.

Cela devait être vers minuit, et c'est aux premières lueurs de l'aube qui s'infiltraient à travers les poutres et les chevrons brisés que nous atteignîmes le dernier des petits corps meurtris enfouis sous les *débris* . L'horrible intervalle entre les deux a été, à bien des égards, le plus éprouvant que j'aie jamais connu. La force, les nerfs ou le courage de quelqu'un cédaient toutes les quelques minutes, et il y avait un quart d'heure épouvantable pendant lequel nous devions tous nous arrêter et aider à retenir la mère désormais complètement folle qui s'était échappée d'une manière ou d'une autre de la pièce du dessous. Pour notre récompense, nous avons constaté que le plus jeune respirait et pouvait continuer à le faire, selon le médecin, pendant plusieurs heures. Ses deux frères et sa sœur avaient heureusement été tués sur le coup lors du premier accident.

Le même jour , 19H30

J'ai écrit ce qui précède après quelques heures de sommeil ; puis je suis sorti et j'ai passé le reste de la journée à traquer les pillards. Comme la bande a été en grande partie coupée à travers les quartiers d'habitations et de bidonvilles de l'East End, les dégâts matériels n'ont pas été importants, mais, pour la même raison, les pertes en vies humaines ont dû être considérables. De petites funérailles pathétiques – du genre de celles annoncées sur les affiches des entreprises de pompes funèbres entreprenantes de Shoreditch et de Whitechapel, coûtant deux livres dix shillings, avec un corbillard et deux voitures, avec une voiture supplémentaire ajoutée pour même trois livres – étaient visibles ici et là ; mais il y avait néanmoins une absence remarquable de « haine » observable dans les foules qui se pressaient de loin et de près pour observer le travail des visiteurs nocturnes venus d'au-delà de la mer du Nord.

Il est en effet bien dit que le Britannique est un mauvais haineux, et presque la seule preuve que j'ai pu voir de son émotion par les événements de la nuit dernière était dans l'activité accrue de recrutement. Les autorités astucieuses, promptes à comprendre l'avantage de profiter de la marée en crue, maintinrent des orateurs - civils et militaires - toute la journée aux barrières où les foules étaient retenues à proximité des points bombardés, et de nombreux volontaires jusqu'alors hésitants furent rassemblés. en conséquence. Çà et là, des foules menaçantes se rassemblaient devant des boulangeries et des boucheries qui portaient des noms allemands ; mais leurs chefs étaient des dames cockney à moitié ivres que les toujours imperturbables « Bobbies » n'avaient aucune difficulté à bousculer pour les écarter. Non, en combattant obstiné qu'il soit, le Britannique n'est que le plus indifférent des haineux.

III

Depuis le grand raid, début septembre, jusqu'à la deuxième semaine d'octobre, il n'y a pas eu une seule nuit pendant laquelle la lune, le vent, les nuages ou une combinaison de conditions météorologiques n'étaient pas défavorables à l'action du Zeppelin, et ce n'était pas le cas. jusqu'à cette date où ils ont essayé de revenir. Bien que plus près qu'auparavant de deux ou trois explosions, je n'ai pas eu l'occasion de suivre la progression du raid comme la fois précédente, et ce dernier bombardement est peut-être le plus mémorable pour moi car il a servi à ébranler le monument monumental. calme de deux des institutions les plus célèbres et les plus impressionnantes de Londres, le « Bobby » et la Frivolity Chorus Girl. Je me tourne à nouveau vers mon journal.

LONDRES , *octobre* —

J'étais hier soir au Frivolity avec mon ami le capitaine J..., de la Royal Artillery, rentré de France en congé d'une semaine, pour voir un oculiste. Vers neuf heures trente, le grondement imminent de fortes explosions annonça une nouvelle attaque de Zeppelin. Je me dirigeai aussitôt vers la porte, mais J..., un vieux Londonien, m'entraîna dans mon stand par le bas du manteau, observant sèchement que, juste devant nous, sous les projecteurs de Frivolity, se déroulait un événement infiniment plus marquant que tout ce qui pourrait être vu à l'extérieur.

« Nous avons eu d'autres raids de Zeppelin », a-t-il crié près de mon oreille, pour se faire entendre au-dessus de l'agitation inquiète qui remplissait le théâtre tandis que les bombes retentissaient de plus en plus imminentes, « mais jamais auparavant dans l'histoire l'homme n'a vu le chœur de la Frivolité ébranlé de son langueur traditionnelle. Mais maintenant, regarde ! Ils s'évanouissent à gauche et à droite, et je suis certain que M... ne comprend pas le signal d'embrasser G... avant le prochain acte. « Sur ma parole, je ne m'attendais pas à vivre assez longtemps pour voir les eaux de cette source d'épouses pour la pairie britannique si perturbée. La voix de J——— s'estompa dans un silence étonné.

"Boom!" Cette fois, il était à portée de main, et le bruit des *débris qui tombaient* pouvait être entendu au-dessus des gémissements discordants de l' orchestre travaillant mécaniquement . Absolument incapable de rester assis plus longtemps, j'ai secoué le bras de retenue de J... et j'ai atteint une sortie latérale juste au moment où deux bombes tombaient coup sur coup, à une centaine de mètres en amont de l'avenue. J'étais à nouveau conscient de ces étranges courants d'air venant de la « mauvaise » direction que j'avais ressentis lors du raid précédent. Les vitres des fenêtres supérieures craquèrent, mais les fragments, frappant les verres renforcés du chapiteau, furent privés de leur force avant d'avoir couru sur le trottoir.

Des deux côtés de l'avenue, des tonnes de verre tombaient en tonnes, — dans un seul grand bâtiment d'angle, on estime que 25 000 livres de verre plat ont été brisées, — et il ne fait aucun doute que beaucoup ont été tués et blessés en étant pris sous le verre. avalanche.

Presque immédiatement, trois ou quatre autres bombes tombèrent au-delà de l'avenue, il y eut un nouveau crescendo de chutes de verre, puis un Zeppelin solitaire – apparemment à bout de munitions – se dirigea vers le nord-est, poursuivi par le faisceau d'un seul projecteur et un coup de feu dispersé.

Le chœur de Frivolity, après avoir été apaisé et relancé, reprit son attitude habituelle et reprit le fil perdu de la représentation, et J..., n'étant plus un ravisseur fasciné par l'émerveillement de son abandon, me rejoignit sur le trottoir pour voir ce que s'était passé dehors. Il est remarquable que la grande majorité du public, dont beaucoup n'avaient pas bougé de leur siège, ait choisi de rester et de voir le spectacle. Mais des trois théâtres d'en face, dont l'un avait été frappé, affluaient des foules considérables. Mais dans la foule désormais dense de l'avenue, il n'y avait pas de symptômes de panique.

Alors que nous sortions du trottoir, quelque chose tinta contre mon pied. En le ramassant, il s'avéra qu'il s'agissait d'un morceau d'acier déchiré encore chaud que J... identifia aussitôt comme un fragment de douille de bombe incendiaire. Il n'avait pas plus d'un huitième de pouce d'épaisseur, mais était d'une qualité si exceptionnelle qu'il sonnait comme une cloche d'argent même au simple claquement d'un ongle. Un fragment de métal fracassé bien plus meurtrier, dans lequel J... a donné un coup de pied quelques minutes plus tard, était un morceau de douille d'obus, et il ne fait aucun doute que les pertes causées par les projectiles des canons anti-aériens sont très considérables.

Le travail de la police et des pompiers a été encore plus remarquable que lors du raid de septembre. Pas une seule lueur révélatrice n'indiquait le chemin par lequel le Zeppelin était arrivé, et le seul incendie à proximité immédiate était le bec d'une autre conduite de gaz brisée. Des barrières isolaient déjà les foules des points où les dégâts les plus graves avaient été causés, et les travaux d'évacuation des morts et des blessés se poursuivaient avec rapidité et célérité.

Une bombe tombée dans l'avenue à mi-chemin entre un autocar et un taxi avait fait un lourd tribut aux passagers des deux, tandis que les deux véhicules, toujours debout, avaient été aplatis jusqu'à ce que leur apparence ne soit plus sans rappeler celle de leur « propriété » respective. des prototypes parfois utilisés pour donner de la perspective à la mise en scène d'une rue. Une douzaine de morts et de blessés gisaient en rang devant un palais du gin qui s'était effondré sous une bombe ; mais, d'après ce que nous avons pu voir ou apprendre, il y a eu peu, voire aucune, perte de vie humaine dans le vieux théâtre historique qui avait été frappé.

Une sinistre coïncidence a fait tomber une bombe sur un bâtiment temporaire en bois occupé comme quartier général des réfugiés belges. Miraculeusement cependant, bien que le cadre branlant ait été complètement déformé, aucun incendie ne s'est déclaré parmi les petites montagnes de bagages hautement inflammables sur lesquels la bombe a explosé.

"Les ' Uns je ne suis pas satisfait de ce qu'ils leur ont fait en Belgique , » renifla un coster indigné , regardant l'épave ; "Les tueurs de bébés voulaient les suivre à Lunnon ." C'était, je crois, ce qui se rapprochait le plus de la « haine » que j'ai entendu exprimer au cours des plusieurs heures où nous nous sommes mêlés à la foule dans les rues.

En parcourant la « piste de bombes » dans ce quartier historique du vieux Londres qui se trouve à l'est de l'avenue, nous sommes tombés sur une apparition tout aussi étonnante pour moi que le spectacle des filles « paniquées » de Frivolity l'avait été pour J… —. Ce n'était rien de moins qu'un agent de police londonien, sans chapeau, essoufflé, et si peu maître de lui-même qu'il était incapable de répondre par la formule habituelle : « Premier à droite, deuxième à gauche, etc. » lorsqu'on lui demandait le nom. Nous nous sommes rendus au tribunal B..., où nous avions entendu dire qu'il y avait eu de lourds dégâts. Faisant tomber sur le trottoir un lourd fardeau qu'il portait par une boucle de fil de fer, il se mit à baratiner quelque chose comme quoi la « pilule fleurie » descendait « d' une tige » d'où il se tenait, et que les ordres réclamaient le récupération instantanée de toutes les « preuves » vers la station la plus proche. J'ai allumé ma torche électrique — tout le monde ici en porte une depuis que les rues sont obscurcies — pour reculer devant la vue du cône en forme de poire d'acier cabossé renversé sur les pavés à mes pieds.

"Bon Dieu, mec, tu as une bombe qui n'a pas explosé !" J'ai haleté, m'appuyant contre le mur. « Que veux-tu dire en le claquant de cette façon ? »

"Si elle ne s'est pas envolée après être tombée du ciel, j'imagine qu'elle peut supporter une chute de quelques centimètres", fut la réponse. « Ce n'est pas « avin » euh « ici, monsieur, cela m'énerve. Ils se sont brisés lorsqu'elle est tombée et ont rebondi sur le trottoir devant l'endroit où je me trouvais.

"Peut-être qu'elle a un fusible temporel, prêt à se déclencher lorsqu'elle est entourée de foule", dit l'irrépressible J—— en guise d'encouragement. «

Les Huns sont adeptes de ces formes de subtilité. Mieux vaut la laisser tranquille pendant un moment.

Tremblant de tous ses membres, mais toujours résolu à exécuter les « ordres » jusqu'au bout, le brave type glissa ses doigts ensanglantés dans la boucle métallique et s'éloigna péniblement vers la gare, titubant sous le poids d'une demi-cent livres de « TNT » [3] Qu'il y soit arrivé sans encombre est attesté par une lampe de poche dans l'une des « photos à un sou » de ce matin le montrant lui et son butin au guichet du commissariat de police de la rue B———.

[3] Trinitrotoluol.

Deux ou trois fois au cours des heures suivantes, des projecteurs se sont allumés vers l'est et le sud, et le clignotement des éclats d'obus éclatant sous des taches jaune pâle à peine définies indiquait que le raid était ambitieux, auquel participaient de nombreux dirigeables. Le cœur de la ville n'a cependant pas été atteint. Je sais de source sûre ce matin qu'un certain nombre de bombes ont explosé sur les chantiers de Woolwich, mais, même si c'est vrai, cela ne fait que montrer que le grand arsenal britannique, sinon moins, n'est pas du moins pas plus vulnérable que l'arsenal non militaire. - zones militaires.

Si possible, Londres a pris ce dernier raid encore plus calmement que le précédent, et le sens pratique de la remarque du conducteur de bus que j'ai citée : « Nous avons une guerre à mener. Zepps ce n'est pas la guerre; fergit ' em ! » – peut être considéré comme représentant fidèlement l'état d'esprit dans lequel la métropole attend la visite vraiment effrayante que l'Allemagne a promise.

Pendant les trois mois qui ont suivi la visite d'octobre, il n'y a eu aucun autre raid aérien sur l'Angleterre, et on savait que cette immunité était due à une ou plusieurs des quatre choses suivantes : le renforcement des défenses anti-aériennes britanniques , les conditions météorologiques défavorables , l'efficacité des Alliés. ' des représailles contre les villes du sud de l'Allemagne, ou une prise de conscience de la part de l'Allemagne que les dommages physiques maximaux qui peuvent éventuellement être infligés à la Grande-Bretagne par des raids aériens ne pourront jamais être plus qu'une fraction insignifiante des dommages causés à la cause teutonique en tant que cause. conséquence du recours à cette forme de terrorisme.

Alors que les semaines se prolongeaient en mois sans attaque – même si des rapports incessants provenant d'une vingtaine de sources faisaient état d'une construction fiévreuse de Zeppelin dans toutes les régions des domaines du Kaiser – s'éveilla dans le cœur des ennemis et des amis de l'Allemagne l'espoir que les considérations humanitaires avaient été prises en compte. celui qui bouge. Cet espoir fut brutalement anéanti par le raid aérien de la mi-janvier – de toute évidence une reconnaissance – sur Kent, et par les nouvelles attaques de Zeppelin sur Paris et les comtés de Midland. Sous réserve donc uniquement des conditions météorologiques et des mesures défensives qui peuvent être prises en France et en Angleterre, nous savons maintenant que cette forme la moins justifiée et la plus cruelle de toutes les formes d'« effroi » teutoniques peut continuer jusqu'à la fin de l'époque. guerre.

AUX CAPITAINES MARCHANDS BRITANNIQUES

Hier soir, j'ai croisé de petits groupes de marins rassemblés le long du quai ou aux coins des rues de Harwich et de Dovercourt . Leurs visages brun parchemin martelés par les intempéries étaient tirés et troublés, et ils parlaient avec la voix saccadée et basse d'hommes qui n'ont pas l'habitude de retenir leur langue ou leurs passions en laisse. Il y avait quelque chose dans les regards à moitié stupéfaits, à moitié en colère, évoquant les expressions que j'avais vues sur les visages des marins dans un port du nord du Pays de Galles le soir où une dépêche mal rédigée les avait trompés en leur faisant croire passagèrement que la flotte britannique avait été battu par les Allemands en mer du Nord. Mais j'avais été avec des hommes de la marine tout l'après-midi et je savais qu'il n'y avait rien de nouveau à signaler derrière le rideau de brouillard gris au nord. Le problème était d'un autre genre, mais par expérience passée, je savais que le moment où le marin britannique parlait les dents serrées et dans ce ton saccadé et baissé, avec son front ondulé de rides acajou de perturbation et ses yeux bleus fixés distraitement sur les doigts de ses mains qui travaillaient, n'était pas du genre à s'immiscer dans lui, même pour les curieux les plus sympathiques.

L'éveil est venu plus tard, lorsque j'ai demandé à la femme de chambre qui avait baissé les volets et tiré les doubles rideaux de ma chambre dans le petit hôtel sur la falaise de Dovercourt , pourquoi les enfants qui jouaient dans une rue étroite qui bifurquait en diagonale sous ma fenêtre faisaient taire leur voix. des voix et des pointes de pieds alors qu'ils descendaient vers l'extrémité au large, et pourquoi de nombreux chariots de livraison, même en retard et pressés, s'arrêtaient et prenaient un autre chemin dans leurs tournées bruyantes.

"Est-ce que quelqu'un est malade?" J'ai demandé : « ou l'un des voisins est- il mort ?

« Vous ne le saviez pas, monsieur ? balbutia la jeune fille. « C'est la maison du capitaine Fryatt, là -bas. C'est la petite maison en briques rouges , la quatrième ou la cinquième à partir du coin, monsieur. Nous le connaissions tous , monsieur , et nous l'aimions tous ; et... vous m'excuserez, monsieur » (sa voix se brisa un instant et les premières larmes brillèrent à la lumière vacillante de sa bougie) — « mais je pensais à la madame et aux pinces. Ils sont j'attends là-bas d'autres nouvelles de Belgique . Je déteste penser à eux , monsieur. Ça me donne envie de crier et de me battre. Je vais y aller maintenant, monsieur ; ça m'énerve quand j'en parle .

Je compris tout d'un coup de quoi parlaient ces marins abasourdis et en colère dans la rue, et la vague d'indignation – contenue pendant une heure ou deux par l'excitation de rencontrer et d'embarquer sur un sous-marin qui revenait – qui m'avait submergé cet après-midi-là. lorsque j'ai lu pour la première fois dans le journal la nouvelle de l'exécution du capitaine Fryatt , j'ai de nouveau jailli en moi et palpité contre mes tempes. J'étais conscient du décès d'un homme faisant partie d'une classe d'hommes que j'avais appris à connaître et à aimer au cours de nombreuses années d'association intime – sur des embarcations robustes et fragiles, sur une mer belle et agitée – et du fait que la mort de cet homme avait été entouré d'un cynisme de sang-froid à peine égalé dans l'histoire moderne, m'en a fait comprendre la signification avec une émotion particulièrement poignante. D'une manière ennuyeuse, j'avais ressenti un sentiment similaire chaque fois que j'avais lu la perte d'officiers et d'équipages marchands lors du lancement de la campagne sous-marine, mais c'était seulement maintenant que j'avais compris à quel point ces mêmes pertes étaient importantes. Les marins avaient dans mon affection le rôle qu'ils avaient joué dans de nombreux incidents marquants de ma vie sur lesquels je tenais le plus à m'attarder en mémoire.

Trois des dix dernières années de ma vie avaient été passées sur la mer, pensai-je, et de ce temps peut-être six mois avaient été consacrés à l'un ou l'autre des « palais flottants » des principales routes touristiques, et pas plus de qu'à bord de navires battant pavillon allemand, français, néerlandais ou américain. Il restait donc deux bonnes années – plus de sept cents jours et nuits – passées à bord des petits navires marchands britanniques – clochards, caboteurs, charbonniers, commerçants, bateaux à roue arrière à fond plat – dans les voies navigables isolées de le monde.

Deux années de ma vie – et quelles années précieuses elles ont été aussi ! – passées sous la garde des capitaines marchands britanniques audacieux, bluffants et bronzés qui conduisaient « les navettes rapides du métier à tisser d'un Empire ». Par quelles mers étranges ils m'avaient fait naviguer, et quels coins étranges dans les ports qui desservaient ces mers ! Et quelles aventures ils m'avaient entraîné, et de quelles embûches m'avaient tiré ! Et quelle courtoisie, quelle considération, et même quelle tendresse dans les moments de mésaventure et de maladie, n'avais-je pas apprécié de leur part !

Enfilant ma veste cardigan, je « restais en attente » à une heure – minuit à l'heure du soleil, à laquelle naviguent encore les navires de la mer – et à l'instant où les paquebots du port auraient sonné. "Huit cloches" s'il n'y avait pas eu de Zeppelins cachés contre lesquels se protéger, je me suis penché par la fenêtre ouverte jusqu'à ce que le brouillard involontaire souffle sur mon visage et j'ai commencé ma "montre".

De la même manière, avec une manche bleue rugueuse effleurant la mienne, je m'étais penché sur le pont ou le taffrail d'une centaine de paquebots sillonnant cent voies maritimes, et maintenant, avec le souffle familier de la mer dans mes narines et la brume familière de l'eau la mer mouillant à nouveau mes cheveux, de vieux amis d'autrefois parcoururent les couloirs de la mémoire et se rangèrent, un à la fois, à mes côtés. Au début, j'ai essayé de les rassembler chronologiquement, dans l'ordre dans lequel je les avais connus lors de mes premiers voyages côtiers dans le Pacifique— (B——, du paquet Vancouver-Seattle, qui m'a laissé dormir sur son canapé de cabine une nuit lorsque le les chambres étaient toutes occupées afin que je puisse me reposer pour le tournoi de tennis auquel je participais à Tacoma le lendemain ; R..., du vieux caboteur de l'Alaska "Inland Passage", qui m'a appris à "boîter" la boussole et s'est réveillé l'amour endormi de la mer dans mon sang avec les histoires de la flotte de phoques de Victoria ; P——, du commerçant mexicain, qui m'a fait sortir clandestinement de Guaymas lorsque les autorités de Sonora essayaient de m'arrêter pour avoir débarqué à Tiburon sans permis) — mais bientôt l'aimant de ma mémoire vivifiée commença à les attirer hors de leur tour, et bientôt ils se pressèrent comme des invités à une réception.

Maintenant, je pensais à leur courage, et instantanément une série d'images prenaient forme sous mes yeux, une vingtaine de noms sautaient à mes lèvres, une vingtaine de mains – des mains dures et brunes, avec un monde de chaleur dans leur poigne ferme – J'ai tendu la main pour serrer le mien. Qui était le plus courageux parmi les hommes qui avaient tous été courageux ? Je me suis demandé; et puis comment les images se sont formées et dissoutes alors qu'un incident émouvant après l'autre me traversait l'esprit ! Quoi de plus beau que la façon dont le capitaine K..., de ce vieux bateau à vapeur « CN » grincheux et à la courbure de clipper, avait survécu à ce typhon au large de Taïwan, s'était amarré au pont pendant trois jours et avait subsisté de café, de rhum et de pain de pilote. ? Je pouvais voir son visage blanc comme de la saumure (comme je l'ai vu lorsque j'ai jeté un coup d'œil timide le jour où le « twister » a commencé à s'éteindre) prendre forme là-bas dans le brouillard à la dérive alors même que le souvenir de ce redoutable La tempête s'est cristallisée dans ma mémoire, puis l'imagination a tourné un autre rouage, et c'était un commerçant du Pacifique Sud brûlant de soleil que j'avais l'impression de voir, avec une silhouette jaunâtre et ravagée par la fièvre au volant, et deux ou trois douzaines de Noirs nus se tordant dans ma mémoire. agonie sur le pont avant. Quel âge B——, du *Cora Andrews* , a emmené son chargement de Papous pestiférés à travers la barrière de corail et jusqu'à la station de quarantaine de Townsville est une épopée des mers du Sud.

Puis sont venus des souvenirs avec une touche plus personnelle, et je me suis attardé quelques instants sur les scènes changeantes de la confusion que j'avais commencée le temps où j'essayais de prendre une lampe de poche des fumeurs dans l'« Opium Den » du vieux *Yo San* , effectuant la liaison Hongkong-Bangkok. Certains membres de l'équipage chinois faisaient de la contrebande d'opium au cours de ce voyage et, me prenant pour un officier des services secrets en quête, ont commencé à essuyer le pont avec mon anatomie protestataire. Recroquevillé autour de mon appareil photo sous une couchette dans un coin de la fosse à opium, avec rien d'autre que le fait que mes assaillants étaient si nombreux qu'ils se gênaient les uns les autres, me sauvant d'une anéantissement instantané, et espérant à chaque instant que l'un d'eux rassemblerait son mes esprits suffisamment réunis pour me jeter sur moi à travers les lattes, je me recroquevillais de terreur, et j'étais toujours une musique plus douce que le mugissement rauque du vieux capitaine G... quand, jurant comme un pirate et frappant à droite et à gauche avec les épingles d'assurage qu'il tenait dans chaque main, il s'est frayé un chemin dans la tanière et m'a tiré dehors par la peau du cou. Pauvre vieux G——— ! il se perdit avec son navire deux voyages plus tard, lorsque l'ancien *Yo San* fut entassé par un typhon sur la côte de Tongking .

Puis le souvenir de la manière ignominieuse avec laquelle le vieux G... m'avait tiré de dessous la couchette par le col de mon manteau me rappela l'époque où un autre capitaine britannique - son commandement n'était qu'un appel d'offres « PSNC » à Valparaiso, et j'avais depuis longtemps j'ai oublié son nom - m'a sauvé la vie en me traitant de la même manière sans cérémonie. La goélette sur laquelle j'avais prévu de naviguer jusqu'à Juan Fernández s'était détachée dans un violent « Nord » et roulait rapidement devant les houles montagneuses sur le *malecon* ou digue, lorsque l'annexe de la « Compagnie de Navigation », sortie pour sauver quelques barges à la dérive, se dirigea prudemment vers l'endroit où les vagues creuses s'enroulaient en brisants. Les barges et leurs cargaisons valaient sans doute plus que notre vieille pute, mais le capitaine de l'annexe, constatant seulement qu'il y avait des vies à sauver sur cette dernière, n'hésita pas un instant avant de décider d'essayer de rester en attente. Malheureusement, nous avions à bord de nombreux *colons allemands* et la panique qui régnait parmi eux a empêché beaucoup de sauver la goélette. Je faisais partie de la demi- douzaine qui n'échouèrent pas dans leur saut vers la proue tribord de l'annexe, mais ma prise sur le rail glissant était si précaire que seule la main puissante du capitaine sur mon cou m'empêcha de retomber dans la mer. . Pendant un instant, dans le brouillard flottant, j'ai vu son visage rond et rouge, sous son «sou'wester», juste au moment où je l'avais regardé après qu'il m'ait traîné par-dessus le bastingage et m'avait projeté sur le pont en gîte.

Parfois, les souvenirs se pressaient au point de devenir confus. Je ne savais pas, par exemple, s'il s'agissait de T——, de l' *Eimoo* , ou de P——, du *Levuka* , que j'avais vu franchir le rail dans la lagune de Rotrura infestée de requins pour extraire le nœud d'un air. -tuyau avant que son plongeur ne s'étrangle ; ou lequel de deux skippers « BI » par ailleurs bien connus est celui qui a pataugé, à mains nues, et a terrassé chacun d'un groupe de Lascars qui se battaient avec leurs couteaux ; ou si c'était le second ou le patron du caboteur d'Afrique de l'Est qui, une de ses cuisses déchirée en rubans par les griffes postérieures de la bête, tenait la gorge d'un jeune léopard glissé de sa cage, et qui il avait peur de paniquer et de sauter par-dessus bord avant de pouvoir le reprendre ; ou si c'était le capitaine d'un paquebot « Burns, Philips » ou « Union » que j'avais vu naviguer dans le passage tortueux de la baie de Suva lorsque le vent brisait la cime des cocotiers et que le baromètre indiquait 28h50. et continuait de tomber, simplement parce que l'épouse du missionnaire d'un petit bout obscur de l'archipel fidjien au nord s'attendait à devenir mère et avait besoin de l'attention du médecin du navire.

J'aurais continué jusqu'à la fin de ma « montre » en pensant au courage – moral et physique – au courage et à la « suffisance générale » de mes anciens amis, mais la plupart de ceux qui avaient été courageux avaient également été gentils et attentionnés. , et de temps en temps je trouvais mon esprit occupé par les souvenirs des petites choses qu'ils avaient faites pour moi, ou que je les avais vu faire pour les autres. Il y avait B..., du vieux *Changsha* , courant de Yokohama à Sydney, qui s'éloigna de plusieurs kilomètres juste pour satisfaire mon caprice de passer au-dessus de l'endroit où *Mary Gloster* fut enterrée en mer. Quel après-midi ce fut ! Le détroit de Macassar était « huileux et mélasse », comme Kipling l'avait décrit, et la brise de terre tiède et laiteuse flottait dans les odeurs des bosquets d'épices de Célèbes. B... avait son volume de Kipling et moi le mien, et entre nous se trouvait la carte tachetée de rousseur du détroit de Macassar avec Bornéo à tribord, Célèbes à bâbord, et mille lignes pointillées indiquant les îlots, les récifs et les rochers – pour la plupart cachés, à moitié cachés. -submergé—entre les deux.

« Par les Petits Paternoster, en arrivant à l'Union Bank,

Nous l'avons laissée tomber, je crois vous l'avoir dit, et je l'ai piqué à l'endroit
    où elle a coulé.

(Petite elle regardait la grille – cette mer huileuse et mélasse –)

Cent dix-huit à l'Est, rappelez-vous, et au Sud seulement trois.

Roulements faciles à transporter...."

lisez B—— en passant son doigt le long de la carte.

« Oui, facile à transporter. *Voici* l'endroit », et il l'a marqué d'un point encerclé. Ensuite, nous avons « estimé » la latitude à partir du point de vue de midi et « tiré » pour la longitude alors que nous « arrivions à l'Union Bank ». Et finalement, lorsque nous étions au-dessus de l'endroit aussi près qu'on pouvait le déterminer par un calcul hâtif, rien ne pouvait faire si ce n'est que B... devait lancer le plomb pour déterminer la profondeur. Je n'oublierai jamais la façon dont son visage s'est illuminé lorsque les principaux ont chanté « Quatorze », et des larmes brillaient dans ses yeux alors qu'il retournait quelques pages en arrière et lisait...

« Et nous l'avons lâchée dans quatorze brasses ; Je l'ai piqué là où elle a coulé.

« J'aurais pu savoir que Kipling avait calculé cela avec un tableau », s'est-il exclamé ; mais quel frisson cela donne de le trouver exact, même au sondage !

Les marges de « The *Mary Gloster* », dans mes « Seven Seas », portent les enregistrements au crayon – maintenant feuilletés et doigtés dans de faibles flous – de notre « folie au milieu des mers » à ce jour, et il n'y a rien que je chérisse davantage. B... n'aurait jamais détourné son cargo de 5 000 tonnes de sa route, au prix de quelques heures et de plusieurs tonnes de bon charbon de Nagasaki, s'il avait été moins stupide que moi à propos de Kipling. Mais tous les marins britanniques aiment Kipling ; en tant que classe, j'ai toujours eu le sentiment qu'ils appréciaient mieux que tous les autres le message du « Lauréat sans couronne ».

Pendant au moins une heure, j'ai dû tourner en imagination les pages de Kipling, tantôt avec ce capitaine bien connu, tantôt avec cela, jusqu'au souvenir de la gentillesse du vieux N..., d'un cargo de Liverpool Para- Manaos , qui avait lu à "L'hymne avant l'action" un soir, alors que j'étais à moitié en délire à cause de la fièvre amazonienne des "eaux noires" contre laquelle il m'avait soigné, a mis le courant de ma pensée sur une autre voie. N... n'était que l'un des douze qui m'avaient dorloté pendant une sorte de maladie tropicale ou m'avaient soigné après une sorte de drame.

C'était R..., du caboteur Valparaiso-Panama, qui m'avait mis des attelles à la main après l'avoir écrasée entre la passerelle et une pirogue pleine de noix d'ivoire au large d'un village sur pilotis de l'Équateur, et c'était mon c'était sa faute plutôt que la sienne si le petit doigt était encore tordu. Et c'était H—— , du gros cargo White Star sur la liaison Australie-Afrique du Sud, qui a travaillé pendant une heure pour aider le médecin du bord à remettre en place l'épaule que j'avais luxée pendant le « sport » un après-midi ; et c'était D..., du « BI » de Rangoon-Calcutta, qui avait réduit avec du liniment pour cheval la cheville que je m'étais foulée en esquivant le chemin d'un buffle d'eau capricieux alors que j'étais à terre à Akyab ; et c'était A——, du bateau fluvial Lynch faisant la navette de Bassora à Bagdad, qui m'a recousu le crâne après que les Arabes du bazar de Kut - el -Amara, alors presque inouï, se soient amusés à faire rebondir des pierres sur ma tête parce que (c'était pendant la guerre turco-italienne), ils imaginaient que je ressemblais à un « ennemi extraterrestre ».

A... a été tué lorsque les Turcs ont bombardé son navire - alors un transport - au début des opérations mésopotamiennes, je m'en suis souvenu, et cela m'a amené à penser à la longue surveillance que j'ai faite au chevet du pauvre vieux Y..., sur lequel " BP », je sillonnais depuis deux mois les îles Salomon, les Nouvelles-Hébrides, les Fidji et d'autres îles de la Polynésie occidentale. Le cœur de Y... était à bout de souffle depuis plusieurs années, et le temps très chaud qui s'ensuivit maintenant, l'excitation de voir son navire traverser un ouragan inhabituellement violent avait précipité une fin depuis longtemps inévitable. Il savait que son « numéro était en hausse » et il m'a donc raconté, ce soir-là, des choses qu'il voulait que je lui explique et que je lui explique en Australie. C'est en pensant à cela, et à la visite que j'ai ensuite rendue à sa femme et à ses enfants dans l' Illawara , que j'ai finalement ramené à l'esprit cette autre famille endeuillée dans la petite maison rouge sous ma fenêtre.

La courte nuit était passée, le brouillard s'était levé, et maintenant, dans la lumière du petit matin, je vis un laitier arrêter son chariot à une demi-douzaine de portes de la maison Fryatt et se diriger doucement sur la pointe des pieds vers ses livraisons à proximité pour éviter de faire des choses inutiles. bruit. Hors du banc de brouillard en retraite vers la mer, deux petits cargos prirent une ligne bien aiguisée et se dirigèrent vers l' embouchure du port . Ils étaient de taille et de type variés, mais les éclaboussures rouges et blanches gaies sur la proue des plus au nord indiquaient qu'elle naviguait sous le pavillon d'un pays scandinave entreprenant, tandis que le noir ininterrompu du côté de l'autre indiquait tout aussi clairement qu'il naviguait sous le pavillon d'un pays scandinave entreprenant. qu'elle était britannique. Pendant que je regardais, le déplacement des ombres sur les flancs du Norwegian m'a indiqué qu'il modifiait brusquement sa trajectoire tous les quelques centaines de mètres – en « zigzaguant » pour minimiser le danger d'attaques sous-marines. Une sage précaution, me dis-je ; et maintenant, qu'en est-il de l'autre ? J'ai pris mon verre et l'ai tenu sur le Britannique. Une, deux, trois, quatre, cinq minutes s'écoulèrent. Tout le temps, la vague revenait uniformément depuis son avant-pied ; pas une ondulation de lumière ou d'ombre changeante ne témoignait d'une déviation dans sa course d'une fraction de point.

"Tout droit vers ton objectif, petit navire", dis-je en saluant avec mon verre.

Mais j'aurais pu le savoir. C'était la manière de faire de Fryatt , et c'est ainsi que tous mes amis du Red Ensign l'ont fait et le feront toujours. « Bonne chance, beau temps et couchettes confortables à tous ; oui, et un havre de paix lorsque la dernière garde, la longue garde, est enfin terminée ! »

Des groupes de marins en difficulté se rassemblaient encore ce matin le long du quai de Harwich, mais maintenant que j'ai compris par quoi ils étaient émus, je n'ai plus hésité à me mêler et à discuter avec eux. Leur lente colère montait régulièrement, évinçant progressivement tous les autres sentiments, à chaque mot prononcé, à chaque heure qui passait ; mais parmi eux se trouvaient encore des hommes stupéfaits et abasourdis, qui ne parvenaient pas à comprendre comment une chose aussi monstrueuse avait pu se produire.

"Mais pourquoi , pourquoi les ' Uns ont-ils fait ça ?" persista un vieux sel grisonnant, tournant ses yeux troublés vers les miens après que tous les autres eussent secoué la tête avec perplexité.

« Il est tout à fait possible, ai-je dit, que les Allemands croient que l'exécution d'un capitaine qui avait tenté d'éperonner l'un de leurs sous-marins inciterait les autres à y réfléchir à deux fois avant d'essayer de faire la même chose. »

Deux ou trois des hommes les plus âgés reniflèrent leur incrédulité à l'idée que même les Allemands puissent évaluer ainsi à bas prix le marin britannique, mais la plausibilité de la théorie les convainquit bientôt eux-mêmes.

« Croyez-vous vraiment que les « Uns » pensent ça de nous ? finit par s'aventurer l'un d'eux.

"Oui," répondis-je, "car il n'y a rien d'autre à penser."

Le vieil homme inspira profondément et détourna les yeux vers la mer. "Dieu ait pitié de tous les ' Uns !" » marmonna-t-il, et « Dieu les plaint ! « Que Dieu les ait pitié ! » répétèrent ses camarades.

LE PASSAGE D'UN ZEPPELIN

Au cours de l'année écoulée depuis le premier grand raid aérien sur Londres, nous savions que beaucoup avait été fait pour renforcer les défenses . Bien entendu, nous ne savions pas exactement ce qui avait été fait et nous ne le savons pas. Nous savions qu'il existait des canons et des projecteurs plus nombreux et plus performants, et probablement des moyens grandement améliorés pour anticiper l'arrivée des pillards et pour suivre et rendre compte de leurs mouvements après leur arrivée. En même temps , nous savions également que le dernier Zeppelin avait été grandement amélioré ; qu'il était plus grand, plus rapide, capable de monter à une plus grande altitude et probablement capable de résister à des tirs d'artillerie plus nombreux et plus intenses que son prototype d'il y a un an. Il semblait donc s'agir de savoir si les canons pouvaient ou non cibler les pillards et, si c'était le cas, leur causer des dégâts vitaux lorsqu'ils les touchaient. L' avion était une quantité inconnue et, du moins dans l'esprit populaire, on ne comptait pas sérieusement sur elle. Londres savait que le test crucial n'aurait lieu que lorsqu'un dirigeable tenterait à nouveau de pénétrer au cœur de la zone métropolitaine et attendait le résultat avec calme, sinon avec indifférence.

Les raids de Zeppelin du printemps et du début de l'été, aussi nombreux qu'ils aient été, n'avaient causé que des dégâts militaires négligeables et à peine plus aux biens civils. Heureusement, la liste des morts était également très basse. Il semblait cependant significatif que les principales défenses de Londres aient été évitées pendant tout ce temps, indiquant apparemment que les pillards étaient réticents à soulever le couvercle de la boîte de Pandore qui était exposée de manière si tentante devant eux, par peur d'un éventuel danger. conséquences. Deux ou trois fois, observant avec mes lunettes après avoir été réveillé par des explosions de bombes ou des coups de feu lointains, j'avais vu un dirigeable chargé d'obus reculer, comme un chien jaune refusant le défi que son intrusion avait provoqué, et se glisser vers l'intérieur. l'obscurité d'une zone plus sûre. « Voudraient-ils réessayer ? » Telle était la question que se posaient les Londoniens lorsque la lune tombait chaque mois, et, à l'exception des rares personnes qui avaient eu une expérience personnelle de la terreur et de la mort qui accompagnent le passage d'un avion de chasse, la plupart d'entre eux semblaient plutôt anxieux. pour que l'affaire soit mise à l'épreuve.

Hier soir – à peine douze « nuits noires » après le premier grand raid de 1915 – le test a eu lieu. Ce n'était peut-être pas concluant (même si cela était peut-être arrivé avant que ces lignes ne soient publiées), mais il était certainement très éclairant. J'écris ceci à mon retour à Londres après avoir observé, à trente kilomètres de là, une masse d'épaves enchevêtrées et un tas de malles calcinées qui sont tout ce qui reste d'un Zeppelin et de son équipage qui, que ce soit par accident, intentionnellement ou par la force des circonstances. ne sera probablement jamais connu - s'est précipité là où deux autres de ses sœurs aériennes craignaient de voler et en ont payé le prix.

Il n'y a eu aucune surprise (du moins pour Londres ; en ce qui concerne l'équipage malchanceux du Zeppelin, personne ne peut le dire) lors du raid de la nuit dernière. La nuit devint de plus en plus couverte à mesure que l'obscurité s'approfondissait, et vers minuit, de petits faisceaux furtifs de projecteurs à capuchon pirouettaient sur les nuages à l'est annonçaient à la foule du théâtre du samedi soir qui rentrait chez elle qu'avec l'approche imminente des pillards, Londres soulevait un coin de son masque de noirceur et lance un défi ouvert à l'ennemi. C'était la première fois que je voyais les lumières précéder l'explosion réelle d'une bombe, et la confiance froide de la chose suggérait (comme j'entendais un policier le dire à un autre) que la défense avait quelque chose « dans ses manches ».

Il était vers une heure du matin lorsque j'ai terminé mon dîner dans un restaurant du West End et que j'ai commencé à marcher dans les rues presque désertes jusqu'à mon hôtel. Londres est tout sauf un chaos après minuit, mais le silence dans les premières heures de ce matin était vraiment étrange. Maintenant que les derniers bus étaient partis et que tous les trains étaient arrêtés, seul le bourdonnement sourd d'un taxi en retard occasionnel — avançant prudemment avec ses phares cagoulés – rompait le silence.

En arrivant dans ma chambre, j'ai enfilé un pull, j'ai remonté le rideau, j'ai préparé mon verre et je me suis assis à la fenêtre, la même fenêtre d'où, il y a un an, j'avais regardé ces deux pillards insolemment méprisants traverser au-dessus de moi et laisser un feu flamboyant. sillage de la mort et de la destruction derrière eux. Cette nuit-là, réfléchis-je, j'avais ressenti le souffle de l'air des bombes et, plus tard, j'avais vu les pompiers éteindre les flammes et les ambulances transporter les blessés vers les hôpitaux. Serait-ce comme ça ce soir ? Je me demandais (il ne faisait désormais aucun doute que les pillards étaient proches, car les projecteurs s'étaient multipliés, et loin au sud-est, même si aucune détonation n'était audible, des éclairs rapides annonçaient des tirs dispersés), ou la défense aurait-elle plus d'un mot à dire pour lui-même cette fois ? J'ai regardé vers le ciel oriental où les nuages changeants étaient maintenant « parsemés » de particules dorées flottantes d'une vingtaine de projecteurs, et j'ai pensé avoir trouvé ma réponse.

Il n'y avait pas de mouvements de lumières en larges cercles, comme il y a un an, mais plutôt un coup de couteau constant et persistant sur les nuages, chacun semblant s'en tenir à une zone qui lui est assignée. « Poignarder » exprime exactement l'action, et cela m'a rappelé une occasion, il y a un mois, où un « Tommy », qui me faisait visiter des pirogues capturées dans la Somme, illustrait, à coups de baïonnette, la manière dont ils avaient initialement recherché les Allemands cachés sous les paillasses. Il n'y avait cette fois rien de « panique » dans le travail des lumières, mais seulement la suggestion d'une vigilance méthodique, ordonnée et implacable.

«Encourageant comme préliminaire», me disais-je; "maintenant" (car la soirée était électrique avec importation) "pour l'événement principal!"

Il n'y avait pas longtemps à attendre. Au sud-est, les éclairs des canons avaient augmenté en fréquence, suivis par des flous de luminosité atténués dans les nuages qui annonçaient l'éclatement d'obus. Soudain, à travers une fissure dans les nuages, j'ai vu un nouveau type d'éclat - le faisceau lancé vers la terre du projecteur d'un dirigeable cherchant sa cible à tâtons - mais le rideau de brume changeant est intervenu à nouveau alors même qu'une des lumières en défense relevait le défi. et lança son propre rayon de rapière en réponse rapide. Bientôt, le bruit sourd des bombes parvint à mes oreilles, suivi du crépitement plus aigu d'une soudaine rafale de coups de feu. Cela fut rapidement suivi par un rugissement confus, provenant évidemment de nombreuses bombes larguées simultanément ou en succession rapide, et je savais que l'une des deux choses suivantes s'était produite : soit le raider avait trouvé sa cible et délivrait un « tir rapide », soit le raider avait trouvé sa cible et délivrait un « tir rapide ». les armes à feu rendaient la situation si chaude pour le visiteur qu'il avait été obligé de larguer ses explosifs et de chercher refuge en fuite. Au bout d'une minute ou plus, j'étais sûr que ce dernier avait été sabordé et qu'il ne s'agissait plus que de savoir dans quelle direction le vol allait prendre.

Une fois de plus , les projecteurs orientés vers l'est m'ont donné la réponse. Par deux ou trois – je ne parvenais pas à suivre l'ordre des choses – les lumières qui « patrouillaient » dans le ciel de l'est se sont déplacées et ont pris position autour d'un certain nuage bas au sud. La nappe trouble de cumulonimbus semblait pâlir et se dissoudre dans les rayons concentrés, puis, directement dans le foyer de lueur dorée formé par les particules lumineuses dansantes, courant sauvagement et aveugle alors qu'un taureau chargeait le manteau rouge masquant le matador, s'élançait un énorme Zeppelin.

Peut-être jamais auparavant dans tous les temps un seul objet n'avait-il été au centre d'un éclat aussi aveuglant. Il semblait que le nerf optique devait se flétrir sous une lumière aussi violente, et aucun œil non protégé n'aurait certainement pu l'ouvrir. Des lunettes noires auraient pu le rendre supportable, mais elles n'auraient pas pu transformer la perspective terrestre en autre chose que le cœur d'une fournaise ardente. En fait, il est très douteux que le fugitif abasourdi sache, au-delà de la manière la plus générale, où il se trouvait. Coupé par les canons au sud-est de toute retraite dans cette direction, mais sachant que la mer du Nord et la sécurité pouvaient être atteintes en se dirigeant vers le nord-est, il est plus que probable que le raider harcelé s'est retrouvé au-dessus de la « Côte du Lion ». Den" plutôt parce qu'il ne pouvait l'aider que par intention délibérée.

Quel contraste entre cette chose aveuglée et chancelante et ces pillards arrogants et déterminés d'il y a un an ! Extrêmement dédaigneux des canons et des projecteurs, ils avaient rôdé au-dessus de Londres jusqu'à ce que la dernière de leurs bombes ait été posée, et l'un d'eux avait même fait demi-tour pour mieux voir les ruines que son passage avait provoquées. Mais *ce* raider – bien plus grand que ses prédécesseurs et volant à une hauteur deux fois plus grande qu'il l'était – s'est précipité sur sa trajectoire erratique comme s'il était poursuivi par les esprits vengeurs de ceux que ses sœurs harpies avaient bombardés à mort dans leurs lits. S'il lui restait encore des bombes à larguer, son commandant n'avait ni le temps ni le cœur pour le travail. Je n'ai jamais vu une chose inanimée symboliser la terreur - la terreur qui a dû saisir le cœur de son équipage visiblement agité (à en juger par les mouvements du dirigeable) - comme ce franc-tireur stupéfiant et impuissant d'un Zeppelin, quand il s'est finalement retrouvé saisi dans les tentacules. des projecteurs des défenses aériennes de Londres.

Pendant tout ce temps, le silence étrange et inquiétant qui couvait les rues avant que je rentre à l'intérieur a tenu la ville sous son charme. Des milliers de spectateurs, voire des millions, gardaient leur excitation en laisse, et l'hélice du raider, étouffée par les brumes s'interposant entre la terre et les 12 000 pieds d'altitude où elle vrombissait, s'émoussait jusqu'à devenir un bourdonnement somnolent. Dans ce silence tendu, le tir soudain d'une centaine de canons anti-aériens – s'ouvrant à l'unisson comme s'ils étaient tirés par une seule longe – se déchaîna dans un rugissement mixte comme le Crack o' Doom ; en effet, même si peu de ceux qui regardaient silencieusement s'en rendaient compte , c'était *littéralement* le Crack o' Doom qui résonnait. Pendant peut-être une minute ou une minute et demie, l'air fut vibrant du rugissement des canons à haute puissance et du hurlement des obus qui couraient à toute vitesse, le grand bruit venant d'en bas noyant les craquements plus aigus des éclairs froids comme l'acier dans l'air supérieur.

Ce sont les canons construits pour cette tâche – et non l'artillerie rassemblée à la hâte et totalement inadéquate d'il y a un an – qui parlaient désormais, et la voix était celle d'une autorité ordonnée et impérieuse. Les télémètres connaissaient l'altitude du maraudeur, et l'information était mise à la disposition de canons qui avaient le pouvoir de « livrer la marchandise » à ce niveau. Quel contraste cette suite avec le pitoyable tir de l'autre raid ! Seuls les premiers coups de feu étaient désormais « courts » ou « larges », et dix secondes après le premier coup de feu, un éclat clair comme du diamant clignotant à travers une faille dans les nuages supérieurs indiquait que le raider

– pour utiliser un terme naval – était « à cheval, " Des obus ont explosé au-dessus et en dessous. À partir de cet instant, jusqu'à ce que les canons cessent de rugir, soixante-dix ou quatre-vingts secondes plus tard, les obus éclatèrent, laçant l'air de lueurs dorées, et enserrèrent le raider volant dans un filet enflammé.

Pendant quelques secondes, il me sembla que, si serré que l'était le filet des éclats d'obus, les éclairs arrivaient à peine aussi vite que le rugissement des canons semblait le justifier, et je balayai le ciel avec mes lunettes en quête pour d'autres cibles possibles. Mais aucun autre pillard n'était en vue ; il n'y avait pas d'autre « centre nodal » de tirs d'armes à feu et de projecteurs. Soudain, la raison de cette apparente divergence m'est apparue clairement. Les éclairs que j'ai vus (à l'exception de quelques balles d'obus qu'ils tiraient) n'étaient que des ratés ; les hits, je ne pouvais pas les voir. Le test tant attendu en était à sa phase cruciale. Vide de bombes et avec la moitié de son carburant consommé, le raider était au zénith de son vol, et pourtant les canons le tiraient facilement. Il s'agissait maintenant de savoir quelle quantité de tirs d'obus le Zeppelin pouvait supporter.

Bien que le dirigeable, d'après ce que j'ai pu voir à travers mes lunettes, n'ait pas semblé ralentir ni être perceptiblement secoué par les tirs des armes à feu, je n'ai aucun doute sur la fin qui aurait été si le test avait pu ont été poussés jusqu'à leur conclusion dans un pays ouvert. Mais faire tomber un Zeppelin en feu sur trois ou quatre pâtés de maisons de Londres densément peuplés n'était guère une chose que la Défense aérienne souhaitait faire si cela pouvait être évité. Le plan fut mené à son terme avec la précision presque mathématique qui caractérisait les travaux préliminaires aux projecteurs et au tir.

Dès l'instant où il était apparu, le raider avait émis des nuages de gaz blanc pour se cacher des projecteurs et des canons, tandis que les mouvements clairement visibles de ses plans latéraux semblaient indiquer qu'il faisait des efforts désespérés pour grimper encore plus haut dans le ciel. l'amincissement de l'air supérieur. Aucun des deux expédients n'était d'une grande utilité. Les nuages de gaz tourbillonnants auraient très bien pu obscurcir un dirigeable en vol stationnaire, mais jamais un dirigeable qui se précipitait dans les airs à soixante-dix milles à l'heure, tandis que, loin d'augmenter son altitude, il semblait y avoir une perte légère mais constante à partir du moment où les canons cessaient. jusqu'à ce que, deux ou trois milles plus loin, il soit caché à la vue pendant une minute par un nuage bas. Sans aucun doute, l'objectif des artilleurs avait été de « percer », et non de tirer sur le maraudeur, et celui-ci devait perdre du gaz très rapidement même – à mesure que le moment climatique de l'attaque approchait – au moment où une flottabilité accrue était la plus souhaitable.

Les projecteurs « massés » de Londres « lâchèrent prise » peu après la fin des tirs, et maintenant, alors que le raider arrivait dans leur champ, les lumières les plus dispersées des banlieues nord se levèrent et « se fixèrent ». Le fugitif changea de direction du nord au nord-est à peu près à ce moment-là, et les nuages gonflants de vapeur laissés derrière lui coupèrent entièrement sa longueur raccourcie à ma vue. Une épaisse brume au sol semblait prédominer au-delà des hauteurs au nord, et dans la lueur diffuse des projecteurs qui s'efforçaient de percer ce masque, mes lunettes montraient les ombres fantomatiques d' avions volant , manœuvrant pour le coup de grâce.

La brume au sol (qui ne couvrait cependant pas Londres proprement dite) empêchait la pleine puissance des projecteurs d'en haut, et c'est dans un ciel d'une noirceur presque stygienne que le coup final fut porté. Les agriculteurs du Hertfordshire racontent d'étranges histoires de détonations de bombes éclatantes frappant leurs champs, mais tous ces bruits étaient absorbés par le coussin d'air de vingt milles qui était maintenant interposé entre mon point d'observation et la scène finale de l'action.

Pas un son, pas une ombre n'annonçait l'éclat de lumière jaune qui éclata soudainement dans les cieux du nord-est et se propagea latitudinalement jusqu'à ce que le corps tout entier d'un Zeppelin – pas un petit objet même à vingt milles – se détache dans une incandescence rougeoyante. Puis une grande flamme rose-blanche surgit, et dans les ondulations de lumière rose qui imprégnaient la terre sur des dizaines de kilomètres, je pus lire les lettres dorées sur mes jumelles. Il s'agissait sans aucun doute de l'explosion de l'hydrogène enflammé des principaux sacs à gaz, et immédiatement après, la grande structure s'est effondrée au milieu et a commencé à tomber lentement vers la terre, brûlant maintenant d'une flamme jaune vif, au-dessus de laquelle s'élevait un volute de fumée noire. était nettement visible. Un éclat de lumière sinistre – provenant sans doute des réservoirs d'essence qui explosaient – s'éclaira lorsque la masse enflammée frappa la terre, et une demi-minute plus tard, la nuit, à l'exception des projecteurs en quête à l'est et au sud, était à nouveau aussi noire que jamais.

C'est alors peut-être que la chose la plus étrange de toutes s'est produite. Londres commença à applaudir. J'aurais dû m'y préparer à Paris, ou à Rome, ou à Berlin, ou même à New York, mais le Britannique – qui de tous les hommes au monde craint le plus le son de sa propre voix élevée dans une jubilation effrénée – était vraiment applaudissant, et en millions, c'était presque trop. Je me pinçai le bras pour être sûr de ne pas m'être assoupi et, perdu dans l'émerveillement, j'oubliai pendant une minute ou deux le grand drame qui venait de se jouer.

Sous ma fenêtre, une demi-douzaine de « Tommies » australiens déchiraient l'air avec des « cooees » et dansaient autour d'un lampadaire, tandis que tout le long de la rue, depuis les portes et les fenêtres, des cris exultants se faisaient entendre. Pendant plusieurs pâtés de maisons, dans toutes les directions, les acclamations ont retenti haut et fort, distinctement reconnaissables comme telles ; le bruit des millions de gorges plus loin n'était que comme un lourd bourdonnement. Peut-être depuis l'aube de la création l'air n'a-t-il pas tremblé avec un son aussi étrange – un son qui, bien que entièrement humain à son origine, était encore inhumain, surnaturel, fantastique. Certainement jamais auparavant dans l'histoire - pas même lors des grandes éruptions volcaniques - un nombre aussi important de personnes (la chute du Zeppelin avait été visible dans un rayon de cinquante à soixante-quinze milles dans toutes les directions, une région avec probablement de 10 000 000 à 15 000 000 d'habitants) a été soudainement et intensément agitée par un seul événement.

C'est sans aucun doute le caractère spectaculaire du *coup d'État inattendu* qui a fait s'exprimer si soudainement et si violemment ces millions de personnes normalement réprimées. Beaucoup, peut-être la plupart, cessèrent de applaudir lorsqu'ils eurent eu le temps de se rendre compte qu'une vingtaine d'êtres humains étaient réduits en cendres au cœur de cette comète enflammée dans les cieux du nord-est ; d'autres – je connaissais les seuls immeubles récemment restaurés où se trouvaient certains d'entre eux – ont dû crier avec une exultation plus sombre pour cette même prise de conscience . Je ne peux pas encore dire ce qui m'a le plus profondément ému, la chute du Zeppelin lui-même ou ce formidable élan de sentiment suscité par sa chute.

En taxi, en charrette à lait, en tram et par tout autre moyen de transport disponible, mais principalement à pied, j'ai parcouru les autoroutes et les routes pendant les quatre heures suivantes, et peu après l'aube, j'ai traversé la dernière d'une douzaine de haies épineuses et je me suis retrouvé à côté du l'épave encore fumante du raider tombé. Un cordon ordonné de soldats entourant un acre de métal noirci et tordu, des kilomètres et des kilomètres de fils emmêlés et une vingtaine d'hommes du Flying Corps déjà occupés à charger les débris dans des camions en attente - c'était à peu près tout ce qu'il y avait à voir. . Une bâche verte de dix pieds carrés recouvrait tout ce qui pouvait être rassemblé de l'équipage du dirigeable. Certains des fragments étaient facilement reconnaissables comme ayant été autrefois des bras, des jambes et des troncs d'hommes ; d'autres ne l'étaient pas. Un homme à mon côté regardait le tas pitoyable pendant un moment, le front plissé par la réflexion. Bientôt, il s'est tourné vers moi, une lueur sinistre dans les yeux, et a parlé.

« Savez-vous, dit-il, que ceux-ci (montrant les souches calcinées sous le carré de toile) viennent de me rappeler les paroles que le comte Zeppelin aurait prononcées lors d'une grande réunion de masse convoquée à Berlin pour faire pression en faveur de une poursuite plus rigoureuse de la guerre aérienne contre l'Angleterre, pour une nouvelle augmentation de l'horreur ? Conduisant deux pilotes de dirigeables devant la plate-forme, il a crié à la foule : « Voici deux hommes qui étaient au-dessus de Londres la nuit dernière ! Et les milliers de personnes rassemblées, selon la dépêche , ont hurlé leurs applaudissements et ont réclamé que les Zeppelins soient envoyés encore et encore jusqu'à ce que les arrogants Anglais soient mis à genoux. Eh bien, » il fit une pause et inspira profondément tandis que ses yeux revenaient au tas de fragments noircis – « il semble qu'ils *aient* encore envoyé les Zeppelins – plus que jamais auparavant – et maintenant c'est à *notre* tour d'être présenté à... les hommes qui étaient au-dessus de Londres la nuit dernière. Je me demande si la fusée qui a consumé ces pauvres diables était assez brillante pour percer la nuit noire qui s'est installée sur l'Allemagne ?

La tension a disparu de la nuit et... le raid était terminé. Qui sait, mais quoi, en ce qui concerne la menace contre l'Angleterre, le passage d' *un* Zeppelin marquait aussi le passage du *Zeppelin* ?

LUTTER POUR LA SERBIE

J'ai eu de nombreuses rencontres étranges - lieux et circonstances étranges - dans divers et divers coins du monde, mais, tout bien considéré, j'ai tendance à penser que ma rencontre avec Radovitch , vers la fin du mois de mars dernier, a été la plus étrange des le centre commercial.

C'était sur le versant d'une montagne magnifiquement tapissée de fleurs à…. Mais que cela se produise à sa place.

Il y avait eu des signes d'activité dans les troupes en marche sur les routes, et je savais qu'une sorte d'escarmouche avait lieu à cause des éclaboussures dispersées de tirs de fusil au-dessus et à ma droite ; mais le fait que je m'étais effectivement glissé entre les combattants n'était pas évident jusqu'à ce que le staccato d'une mitrailleuse soudainement démasquée éclate dans le bosquet en contrebas. Je n'entendais pas le bruissement familier et insinuant des balles rapides, et seuls quelques tics occasionnels dans les broussailles de chênes témoignaient d'un soldat en tiraillement, mais il était clair que si les fusils tiraient en direction de la mitrailleuse, et que la mitrailleuse… Le pistolet tirait en direction des fusils, la position de mon anatomie tremblante était sur le point de bloquer une partie du petit col restreint de l'atmosphère le long duquel les plombs échangés doivent se frayer un chemin. On ne l'apprend jamais avant d'être pour la première fois sous le feu, surtout sous le feu d'un fusil, mais la faculté de se cacher, de se faire discret à l'approche d'un danger réel ou imaginaire, est l'une des rares choses dans laquelle le plus ou moins dégénéré, l'homme d'aujourd'hui souffre le moins en comparaison de cet animal fin et autosuffisant, son ancêtre primitif.

Je me suis précipité au-dessus d'un « enchevêtrement » naturel de cactus à fleurs magenta, j'ai plongé dans un tunnel bosquet dans le maquis de chênes noueux et j'ai atterri confortablement dans la masse emmêlée de doux cheveux de jeune fille où l'eau coulait du côté d'un trou profond creusé. par les briquetiers du village pour extraire l'argile. Il y avait une large couverture contre tout ce qui n'était pas des tirs d'artillerie à angle élevé de part et d'autre ; alors, choisissant un lit d'herbe luxuriante avec un oreiller de bleuet et de renoncule, je m'étirai avec une aisance luxueuse pour laisser la bataille se terminer.

Les fusils ont craché sur le tambour de la mitrailleuse pendant une minute ou deux, puis se sont tus soudainement et ont cédé la place au fracas des broussailles et aux jurons poitrails entre les dents qui racontent des hommes en train de charger. Disparus, par groupes de un, deux ou trois, ils ont commencé à trébucher au-dessus de ma tête, tantôt révélés par la silhouette rapide d'une mâchoire serrée et d'épaules projetées vers l'avant, tantôt par l'éclat d'une baïonnette qui s'agitait, mais surtout par ces jurons gutturaux qui marquez l'homme sérieux qui se penche sur les affaires. L'un d'eux – un Serbe aux yeux décharnés, vêtu de l'uniforme bleu horizon décoloré d'un *poilu français* – qui passa assez près du bord de mon refuge pour permettre de l'apercevoir de trois quarts de long, portait une poule dorée et piaillante. par les plumes de son hackle, et je pensais justement que tous les autres soldats que j'avais jamais connus auraient mis un point sur ce vacarme révélateur en étendant sa prise autour de la trachée, lorsque Radovitch descendit pour me rejoindre. Non pas qu'il ait eu l'intention ultérieure de chercher un refuge qui m'a amené là – bien au contraire, bien au contraire. Je l'ai vu courir à toute vitesse et à basse altitude (comme tout bon soldat s'attaque à son ennemi), sortir du fourré, le voir se redresser et essayer de faire un écart vers la droite alors que le trou béait soudainement sur son chemin, et, finalement, J'ai vu la tension rapide de la boucle jaune écailleuse de racine d'aloès qui coulait dans la terre qui a adroitement attrapé le bout de sa botte traînante et a fait échouer la manœuvre .

Il y avait peu de la finesse de mon propre atterrissage en douceur dans le « kerplump » percutant qui complétait le plongeon en hauteur exécuté par Radovitch après son contact avec la racine d'aloès. Son fusil le surpassa en plongé et coupa court à sa parabole avec la baïonnette enfonçant une fougère sur la rive opposée, mais son large visage slave bronzé fut la première partie de Radovitch lui-même à atteindre le fond, de sorte que toute l'inertie de l'os et les muscles de son corps solidement tissé s'exerçaient à enfoncer le croissant ivoire des dents de sa mâchoire inférieure recourbée en arrière dans une entaille rapide et grossière à travers le gazon cédant. Il se ressaisit d'une manière hébétée, s'assit, essuya l'herbe de ses yeux et pétrit doucement les articulations tendues de sa mâchoire pour s'assurer qu'elles oscillaient toujours sur leurs gonds. Rassuré, il cracha en crachant de l'asphodèle et de l'anémone et le reste de sa bouchée de parterre de fleurs, complétant l'opération en passant un index entre les dents inférieures et la lèvre pour enlever les morceaux de terre et de graviers qui s'y cachaient.

Il y avait quelque chose d'étrangement familier dans cette opération de l'index, et c'est le souvenir soudain de la même manière dont nous nous débarrassions des mottes de terre qui avaient été enfoncées sous nos protège-nez de football qui était responsable de mon fervent éjaculation de surprise. Je ne me souviens pas exactement de ce que j'ai dit, mais c'était probablement quelque chose qui ressemblait à "Je vais me faire exploser !"

L'expression de ressentiment hébété sur le visage taché d'herbe et de terre de Radovitch se transforma instantanément en une expression de surprise vide. La pauvre mâchoire tendue se détendit et il tourna vers moi un regard émerveillé.

"D'où viens-tu?" il haleta finalement ; » et ensuite : « Vous parlez anglais ?

Quand, ignorant la première question, j'ai souri en acquiesçant à la seconde, il est revenu avec : « N'est - ce pas Merican , n'est-ce pas ? Vous ne connaissez pas New York, n'est-ce pas ?

Après mon aveu de culpabilité pour les deux accusations, il a rampé et a saisi ma main de manière écrasante dans sa patte crasseuse.

« Je m'appelle Radovitch . « Moi-même, citoyen américain », dit-il fièrement. « J'ai sorti mes derniers papiers juste avant de venir me battre pour la Serbie. Je suis allé à l'école cinq ans à New York quand j'étais enfant. Avez-vous déjà été à Chicago ? »

"Bien sûr."

de Radovitch , qui augmenta lorsqu'il apprit que j'étais à Omaha (où il avait travaillé dans les parcs à bestiaux) et à Jérôme, en Arizona (où il avait « déversé des scories » dans la fonderie de cuivre), atteignit son paroxysme lorsque je lui assurai que j'avais J'ai joué un jour une partie de baseball à Aldridge, une petite ville minière du Montana, près de l'entrée nord du parc de Yellowstone.

« J'ai un magasin là-bas et un demi- intérêt dans les terrains de baseball et une salle de danse », s'écria-t-il ; et il était justement en train de raconter avec enthousiasme son ascension vers la fortune dans ce qu'il appelait le « petit camp le plus chaud de Yellowstone », lorsque le vacarme de deux ou trois mitrailleuses fraîches s'ouvrant à l'unisson couvrait sa voix. et quelques minutes plus tard, une demi-douzaine de canons de fusil furent pointés au bord de notre refuge, tandis qu'un caporal serbe à la voix bourrue, dans la tunique kaki d'un Tommy britannique et la culotte ample d'un zouave français, nous informait que nous étions ses prisonniers.

Radovitch , avec un sourire penaud sur le visage, leva les mains avec le cri classique de « Kamerad ! puis, se dirigeant d'un pas chancelant vers ses ravisseurs, il leur ordonna froidement de jeter une boîte de cigarettes pour lui et son ami « Merikansky ».

"J'ai brisé le mien quand je suis tombé", a-t-il expliqué en reculant d'un pas nonchalant et en m'offrant un "Macédoine". « Ne pensez-vous pas que nous aurions eu assez de combats en Serbie sans ces foutus combats simulés alors que nous sommes censé nous reposer ici à Corfou ? Cela peut convenir aux nouvelles recrues ; mais vous devrez admettre que deux années de démolition comme celle que nous avons vécue là-bas dans ces montagnes ne vont pas nous mettre sur les nerfs pour des combats ludiques comme celui-ci. Mais qu'à cela ne tienne, nous reviendrons à la réalité dans un mois ou deux. Venez au camp et rencontrez mon colonel. Nous étions enfants ensemble à Prilep . Maintenant, il commande trois mille hommes et je ne suis qu'un caporal ; mais je pourrais quand même le racheter vingt fois.

les grandes lignes de l'histoire de Radovitch ce soir-là (après qu'il eut été officiellement « libéré »), alors que je marchais péniblement à ses côtés à travers les collines jusqu'à son camp ; mais ce n'est que trois ou quatre jours plus tard qu'il obtint un congé d'après-midi et m'emmena faire une promenade dans le camp de secours serbe que j'appris qu'il faisait partie de cette bande immortelle de héros qui, dédaignant de profiter de la liberté. les routes menant à l'Adriatique ou à la Macédoine après la chute de Belgrade, se dirigèrent vers une forteresse montagneuse au cœur de leur propre pays et restèrent sur place pour mener la guerre autant qu'ils le pouvaient contre l'envahisseur détesté. De quel genre de guerre il s'agissait — en fait, de quel genre de guerre il *s'agit* , car la bande survit encore, rattrapant dans un esprit inextinguible ce qu'elle a perdu en nombre — j'ai alors appris pour la première fois.

Ce n'est que la rencontre inattendue d'un camarade nouvellement arrivé (souffrant - et il me semblait mourant - d'une blessure ouverte à la baïonnette et d'une attaque avancée et jusqu'ici négligée de scorbut), qui détourna Radovitch du souvenir mélancolique d'Aldridge, Montana, et l'a fait parler des sombres réalités de la vie qu'il menait en Serbie, un sujet sur lequel je l'avais trouvé étrangement réticent jusqu'à ce moment-là. Les choses dont il a parlé cet après-midi ne couvraient qu'un ou deux incidents de sa vie avec un corps d'hommes qui, progressivement épuisés et pourtant régulièrement recrutés depuis Dieu sait où, ont fourni un exemple de bravoure et de dévouement à une cause presque perdue. sans équivalent, même dans une guerre dans laquelle la bravoure et le dévouement constituent l'essentiel du travail quotidien.

Parce que ce groupe en question, même si ses exploits sont encore aujourd'hui chantés par les Serbes aux côtés de ceux des héros semi-légendaires de leurs débuts, est toujours une « force en être », exerçant dans sa sphère une influence qui lui est propre. au cours de la guerre, il est nécessaire que les noms des villages, des villes, des montagnes, des vallées et des rivières, auxquels Radovitch faisait si constamment référence dans son récit, soient entièrement supprimés. Je puis dire cependant que l'enquête que j'ai effectuée ultérieurement au quartier général serbe à Salonique a révélé de nombreuses preuves que les choses dont il m'a parlé - ainsi que d'autres à peine moins remarquables dont le moment n'est pas encore venu d'écrire - se sont produites au-delà de l'ombre. d'un doute.

L'envie de parler ne s'empara de Radovitch qu'après m'avoir conduit au sommet de la colline derrière le camp de secours, d'où l'œil se dirigeait vers l'est, à travers un détroit pourpre, jusqu'aux sommets enneigés de l'Épire et de l'Albanie, et vers l'ouest jusqu'aux sommets enneigés de l'Épire et de l'Albanie. où ce qui était autrefois la villa d' Achilleon du Kaiser se détachait nettement sur le vert sombre de la crête dorsale de l'île, vers le nord jusqu'à l'endroit où ses châteaux jumeaux flanquaient à droite et à gauche les murs blancs et les toits rouges de la ville de Corfou, et vers le sud jusqu'à l'obscurité les contours de Leukas et de Céphalonie s'éclaircissent dans la brume violette de la fin d'après-midi. En contrebas, sur trois côtés, se trouvait la mer, avec les légendaires îles d'Ulysse se préparant à résister à la marée montante qui se précipitait dans la baie ; au-dessus, une voûte de ciel sans nuages, et tout autour une forêt millénaire d'oliviers noueux. C'est l'effet de tout cela, ainsi que de la vue de son ami serbe dans la petite tente-hôpital du camp de secours, qui fit parler Radovitch de choses sur lesquelles j'avais vainement essayé de l'attirer depuis que je l'avais rencontré. Tant que l'ambiance dura, il ne semblait avoir besoin d'aucun autre encouragement que celui de l'auditeur attentif et si disponible ; une fois passé, il était de retour dans les mines du Montana, sourd et aveugle à toutes mes tentatives pour le faire parler de la Serbie et de ce qui lui était arrivé là-bas.

« Comment votre groupe s'est-il formé en premier lieu ? » J'avais demandé : « Et de quel genre d'hommes était-il composé ? Y avait-il une sorte d' organisation avant la retraite, ou avez-vous simplement dérivé ensemble après ?

"Cela a dû être principalement une" dérive "", a répondu Radovitch . « Le gouvernement et nos généraux savaient probablement que nous devions céder lorsque les Autrichiens et les Bulgares s'attaqueraient ensemble à nous, mais aucun d'entre nous n'a jamais imaginé que nous ne pourrions pas frapper tout le groupe. Je ne pense donc pas qu'il y ait beaucoup de vérité dans les histoires sur le groupe de « frères de sang » qui avait été formé à l'avance. Au début, nous étions à peu près composés à parts égales d'hommes qui ne voulaient pas quitter le pays et d'hommes qui ne pouvaient pas quitter le pays. Les premiers étaient pour la plupart des montagnards de la région où nous sommes allés. Il y avait parmi eux de nombreux ex-brigands, et la plupart d'entre eux avaient combattu toute leur vie contre les Turcs, ou contre les Bulgares, ou contre le gouvernement, ou entre eux. C'est à la façon dont ces gens connaissaient le pays, et comment en vivre et y combattre, que nous devions l'essentiel de notre succès. Le reste d'entre nous n'était qu'une sorte de bric-à-brac qui était tombé hors de la retraite mais qui avait quand même réussi à rester hors des mains de l'ennemi.

« Au début, cette région montagneuse particulière, qui devint plus tard notre fief et est aujourd'hui la seule partie de l'ancienne Serbie dans laquelle l'ennemi n'a jamais mis les pieds, n'était qu'un refuge et pendant quelques semaines nous avons eu du mal à trouver suffisamment de vivre sur. Tout le premier hiver, nous avons eu du mal à manger et nous avons vécu principalement de raids nocturnes sur des trains de ravitaillement autrichiens épars. Mais bientôt nous avons rassemblé suffisamment de moutons et de chèvres pour continuer à vivre et, au printemps, nous avons mis en culture l'une des petites vallées de montagne. Depuis l'été dernier, à l'exception des légumes avec lesquels nous n'avions pas de chance, la nourriture était l'un de nos moindres soucis.

« Dès le début, nous avions beaucoup de fusils. Un Serbe laissera tomber ses vêtements avant de montrer son arme, comme vous le constaterez si jamais vous voyez notre armée en action là où une rivière doit être traversée à gué. Beaucoup d'hommes sont venus vers nous sans pantalon ni chemise, mais jamais dont j'ai entendu parler sans son fusil. Nous étions également assez bien équipés pour les cartouches, car un homme n'en utilise pas lors d'un raid ou d'un combat, d'une embuscade à un il en jette une centaine dans les tranchées. Nous avons toujours réussi à en avoir assez pour nos propres fusils de l'armée régulière, et après avoir bien commencé nos raids, les fusils et les munitions autrichiens sont arrivés plus rapidement que nous n'en avions jamais eu besoin. Nous aurions pu nous contenter d'une ou deux mitrailleuses supplémentaires avant d'avoir notre défense qui roule des pierres. organisés , et avant que les Autrichiens n'aient compris qu'il ne valait pas la peine d'essayer de ramper et de nous sortir de nos trous. Mais avant la fin de l'hiver, nous disposions de suffisamment de « tireurs à broche » de rechange, de sorte que cela ne nous dérangeait pas de risquer d'en perdre un ou deux en les emmenant avec nous dans des raids.

« La configuration des montagnes a fait de toute *la mesa* [4] un simple grand fort naturel, et je ne sais pas s'il existe dans le monde un autre endroit du même genre si facile à défendre et si difficile à attaquer. Les montagnes sont plus abruptes et plus rocheuses que la chaîne principale de l'Albanie que vous voyez là-bas dans le ciel, et ce n'est pas tout. Je n'ai jamais rien rencontré d'aussi rude au cours de tous les étés que j'ai consacrés à la prospection en Arizona, en Utah et au Colorado. Un seul des cols était desservi par une route carrossable et trois seulement par des sentiers muletiers. À deux ou trois autres endroits, un homme pouvait grimper en utilisant ses mains, mais partout ailleurs, il lui fallait des cordes et des échelles pour escalader.

[4] Table-terre.

« À chacun des cols, y compris celui de la route des charrettes, une demi-douzaine de bons rouleurs de pierres, avec beaucoup de « munitions », pourraient mettre le kibosh sur une armée, et vous pouvez être sûr que nous avons veillé à ce que les cailloux ne manquaient pas. Pendant la première semaine ou les deux premières semaines, mes doigts étaient usés assez près des os à cause de la manipulation de pierres. La seule façon pour les Autrichiens de prendre le dessus sur nous, une fois installés chez nous, aurait été avec pas moins d'une douzaine de régiments de leur Kaiser Jaeger, batteries de montagne et tout ; mais au moment où ils comprirent cette réalité, les Italiens les tenaient tellement occupés qu'ils pensèrent probablement qu'ils ne pourraient pas disposer d'un tel nombre de troupes alpines pour des spectacles parallèles. Quoi qu'il en soit, ils ne nous ont même jamais donné un bon résultat en termes d'attaques, même si, bien sûr, certains groupes de raids ont subi de temps en temps des punitions assez sévères.

« La seule chose dont nous avions le plus besoin, en premier et en dernier, c'était de la dynamite. Si nous avions pu en récupérer ne serait-ce qu'une demi-tonne au cours des deux premiers mois, avant que les Autrichiens n'organisent leurs patrouilles , nous aurions pu faire un mal infini en faisant sauter des ponts et des tunnels là où ils avaient été manqués dans la précipitation. de la retraite et des communications bouleversantes en général. Quand nous commençâmes finalement à mettre la main sur la poudre, tous les points dangereux étaient si étroitement gardés que nous n'avions jamais eu une chance équitable de les atteindre. Un jour, avec cinquante hommes armés de couteaux, nous avons précipité la garde sur un pont important et nettoyé le terrain avant qu'un coup de feu ne soit tiré. Mais il devait y avoir un problème avec la mèche ou les capuchons, car la dynamite placée sous la culée la plus proche n'a jamais explosé et nous n'avons pas eu le temps de revenir en arrière et de refaire le travail. La fois suivante, nous avons essayé la même tactique, ce fut dans un tunnel, mais ici, ils avaient préparé une embuscade, et seule une douzaine des cent hommes qui participaient au raid sont revenus. Le travail de tunnel le plus fluide jamais réalisé n'a pas du tout été réalisé par notre équipe, mais par une équipe beaucoup plus petite qui a travaillé pendant un certain temps dans la région d' Uskub , dirigée par un officier des renseignements serbe de Salonique qui y avait été envoyé il y a un mois. avant depuis un avion . Ils descendirent en plein jour dans un col très important, s'emparèrent d'un train de wagons de marchandises vides qui attendait sur une voie d'évitement le passage d'un train de troupes en direction du sud, le retinrent jusqu'à ce qu'un signal convenu à l'avance leur indique que les troupes... Le train entrait par l'extrémité nord du plus long tunnel de cette partie du pays, puis il a libéré le fret jusqu'à l'autre extrémité. Nous avons appris plus tard que jamais un homme n'en avait été sorti vivant, mais le meilleur effet de ce travail a été d'incendier la roche calcaire au cœur de la montagne et de bloquer la circulation pendant plusieurs mois.

« Cette bande du sud, après avoir recruté jusqu'à plus d'un millier d'hommes à la fois et rendu la vie difficile aux Autrichiens pendant près de quatre mois, a manqué de nourriture au milieu de l'hiver et a dû se séparer. Son chef, cependant, déguisé en soldat bulgare, retourna à travers les lignes ennemies et, après avoir manqué de peu d'être emporté par la première patrouille serbe qu'il rencontra après avoir traversé la Cerna , atteignit Salonique en toute sécurité avec un rapport complet de ce qu'il avait fait. avait vu pendant cinq mois en territoire hostile. C'était le travail le plus astucieux du genre qui ait été réalisé dans cette guerre. Ce type s'appelle... et, à moins qu'il ne soit en voyage dans le même genre, vous pourrez probablement le voir à Salonique. [5]

> [5] Grâce à la courtoisie du prince héritier de Serbie, l'écrivain, lors de sa visite ultérieure à Salonique, a obtenu un entretien avec l'officier de renseignement en question et espère obtenir bientôt la permission d'écrire un compte rendu complet de ce qui n'a sans doute pas été le cas. seulement l'un des exploits les plus audacieux, mais aussi l'un des plus réussis de la guerre.

"Comme je vous le disais ", reprit Radovitch , « la dynamite était la seule chose dont nous ressentions le besoin plus que toute autre chose, et pourtant, peut-être que la seule grande chose que nous avons faite n'aurait pas été aussi grande (et peut-être aurait-elle complètement échoué) si nous l'avions eue. la poudre pour accomplir le travail comme nous avions prévu de le faire au départ. Avez-vous déjà entendu parler de ce qui est arrivé aux forces autrichiennes qui campaient dans la... vallée au printemps dernier ? »

« Je me souviens avoir lu un de leurs bulletins, répondis-je, qui reconnaissait avoir perdu un bataillon ou deux lors d'une inondation dans cette région. Mais cela était dû à des « causes naturelles », n'est-ce pas ? La rupture d'un barrage n'a-t-elle pas quelque chose à voir avec cela ?

« Des causes naturelles et un barrage détruit ont quelque chose à voir avec cela », a déclaré Radovitch avec un sourire ; « Mais la nature dans ce cas nous a apporté une aide active, et c'est là que nous sommes intervenus. Ce n'était pas seulement un bataillon qui est descendu en aval ; il s'agissait plutôt de deux de leurs grands régiments – la totalité de la force principale avec laquelle ils s'étaient rassemblés pour nous enfermer. C'était de loin la meilleure chose que nous ayons faite ; et, comme je vous l'ai dit, cela n'aurait pas été la moitié du nettoyage si nous avions eu en premier lieu la poudre nécessaire pour le faire « de la manière habituelle ». Si nous *avions* eu la poudre, nous n'aurions jamais donné une chance à la Providence, et, croyez-moi, seule la Providence aurait pu arranger les choses pour qu'elles aboutissent finalement.

« Vous voyez, c'était ainsi, reprit Radovitch en s'installant confortablement et en souriant du sourire heureux de la réminiscence qui trône sur le visage d'un homme qui se souvient d'événements dans lesquels il a pris une vive fierté et une grande joie, « l'approche la plus ouverte Nous rejoignions notre pays montagneux par la gorge où montait la route des charrettes. Il y avait une zone de bassin versant de bonne taille qui s'écoulait de cette façon, de sorte que la petite rivière qui traversait la gorge était un ruisseau assez puissant, même en période d'étiage, un peu plus grand que l'ancien Firehole du parc de Yellowstone. Cette rivière coulait de la masse principale des montagnes dans un beau bol d'une vallée de hautes terres , puis, à travers une chaîne de contreforts accidentés, dans une autre gorge. À la tête de cette dernière gorge se trouve un site naturel pour stocker l'eau, et là, dans le cadre d'un ancien projet de remise en état du gouvernement qui avait été retardé à mi-chemin faute d'argent pour continuer, un haut barrage avait été construit qui soutenait jusqu'à un lac profond et étroit de quatre ou cinq milles de long.

« Les Autrichiens avaient une petite force dans le petit village de la vallée du lac et patrouillaient quatre ou cinq milles de la route charretière dans les montagnes, mais la plupart d'entre eux campaient au-dessous de la deuxième gorge dans un triangle ouvert. en forme de vallée qui s'étendait de la plaine jusqu'aux contreforts. C'était un bon camp, sûr, sain et bien drainé, bien au-dessus des niveaux les plus élevés des crues printanières. La seule menace qui pesait sur ce barrage était le lac situé derrière le barrage, dans la vallée au-dessus, mais, malheureusement pour eux, ils ne connaissaient pas tous les faits concernant ce barrage.

« La vérité est que ce barrage a été construit pour retenir un lac à moitié aussi profond que celui d'alors, mais une mauvaise ingénierie et une mauvaise exécution des contrats se sont combinées pour le rendre trop faible pour supporter la pression jusqu'au niveau prévu. L'ingénieur anglais venu l'inspecter fit une marque aux deux tiers environ de la hauteur et prévint qu'il ne serait pas prudent de laisser jamais l'eau monter au-dessus de cette hauteur. Par mesure de précaution, il était d'usage, chaque mois de février ou de mars, avant le dégel printanier, de drainer l'eau du lac pendant un mois ou deux avant que le ruissellement ne soit le plus important, de manière à laisser suffisamment de marge contre l'eau. les inondations poussent le niveau au-dessus du point de danger. Les Autrichiens étaient des ingénieurs assez bons pour savoir qu'il s'agissait d'un barrage pourri, mais ils ne semblaient pas avoir eu le sens de commencer à abaisser le niveau de l'eau avant l'arrivée des crues printanières.

« Bien sûr, nous n'avions pas besoin de planifier des nuits pour imaginer les conséquences d'une rupture du barrage – si seulement elle survenait assez soudainement – sur le camp autrichien principal ; mais la recherche des voies et moyens pour provoquer cette « rupture soudaine » semblait nous faire deviner dès le début. La chose simple et naturelle aurait été d'essayer de neutraliser quelques groupes de raids de chaque côté du lac, de précipiter les gardes du barrage avec des couteaux (comme nous l'avons fait plus tard au pont dont je vous ai parlé), d'en planter deux ou trois charges de dynamite, déclenchez les mèches et repoussez-le vers les collines. Si nous avions eu assez de poudreuse, c'est probablement ce que nous aurions essayé, mais avec quel succès, c'est difficile à dire. Les chances d'obtenir un « travail propre » allaient de dix à cinquante contre une. En premier lieu, il y avait une chance que certains des pillards se heurtent à une patrouille ou à une sentinelle autrichienne et démarrent quelque chose avant même d'avoir atteint le barrage. Ensuite, il y avait une chance que la ruée vers le barrage ne se déroule pas assez doucement pour éviter de faire tomber sur nous les forces du village et de rendre inutile toute tentative de placer la poudre, même si nous avions nettoyé les gardes. Ou, si nous parvenions à placer la poudre, il y avait une chance que nous ne parvenions pas à la faire exploser (comme cela s'est produit au pont) ; ou même s'il explosait, il n'était pas évident que le barrage s'effondrerait d'un seul coup, ou que le camp en contrebas ne serait pas prévenu à temps pour se dégager. Oui, je suis sûr qu'il y avait une bonne proportion de cinquante contre un que l'une de ces choses aurait bouleversé le panier des pommes si nous avions été en forme pour essayer de faire le travail à la dynamite. Et une fois que nous avions montré notre jeu, bien sûr, les Autrichiens n'avaient qu'à laisser sortir l'eau du lac ou à déplacer le camp inférieur, et la partie était définitivement terminée.

« Mais la centaine de bâtons de quarante pour cent. Il était hors de question d'utiliser les « géants » que nous avions en stock, c'est pourquoi aucune mesure n'a été prise qui aurait pu éveiller les soupçons de l'ennemi quant à ce que nous avions en conserve pour lui. Aussi, loin de prendre des précautions à l'approche de la saison des crues, il se contenta de laisser l'eau continuer à monter dans le lac et d'étendre le camp principal d'une centaine de mètres plus près de la rivière. Nous avons discuté de plus d'une centaine de projets au cours des longues nuits d'hiver, mais ce n'est que lorsque la neige a commencé à devenir fondante à midi, vers la mi-mars, que nous en avons trouvé un qui semblait promettre une chance de succès.

« Nous avions toujours espéré que les Autrichiens laisseraient l'eau s'accumuler derrière le barrage jusqu'à ce qu'il cède, mais ce n'est qu'un jour que nos éclaireurs nous ont annoncé que les portes étaient maintenant ouvertes, avec l'intention évidente de de maintenir le lac à un niveau qu'ils estimaient à environ dix pieds au-dessus du point de danger, nous avons pensé que nous pourrions faire quelque chose pour faciliter le bon travail. Personne ne s'est jamais souvenu par la suite de qui était cette idée, mais une douzaine d'entre nous - officiers et hommes ensemble, à la manière serbe - se sont soudainement retrouvés à agiter les bras et à rougir au visage en discutant d'un projet de construction de notre propre petit barrage, en soutenant un lac aussi grand que possible derrière lui, puis le lâcher sur le grand lac en contrebas, au plus fort des crues printanières. Si l'un d'entre nous avait eu le moindre sens en ingénierie, il aurait su que nous ne pouvions pas construire, en un an, sans outils hormis quelques haches et pelles, et sans autres matériaux que ce que la nature y avait mis, un barrage suffisamment grand pour être construit. de toute utilité, encore moins dans un mois. Mais n'ayant aucun sens à parler de choses de ce genre, nous avons poursuivi notre travail et, avec une chance inouïe, nous avons réussi.

« Il y avait un bel emplacement pour un barrage à l'extrémité supérieure de la gorge de la route des charrettes, où il semblait qu'une barrière solide de trente pieds de haut refoulerait un lac d'environ trois quarts de mile de long et d'un quart à un quart de mille. un demi-mile de large. Nous avons commencé par construire une « crèche » de troncs de pins de trente pieds de large, qui devait être remplie de rochers et de gravier. Sur notre plan au crayon, il devait être fortement étayé par le bas et incliné des deux côtés jusqu'à ce qu'il n'ait que dix pieds de large au sommet. Notre idée était d'en faire autant que possible un fort, de sorte que si les Autrichiens le faisaient passer par un avion, ils penseraient que nous travaillions uniquement sur les défenses . Un trou devait être laissé au milieu pour que la rivière puisse s'écouler, car nous n'avions pas l'intention de stocker de l'eau jusqu'à ce que les grandes pluies et le dégel s'installent. Comme il pleuvait ou qu'il y avait du vent tous les jours à partir du moment où nous avons commencé à travailler. , les Autrichiens, autant que nous le sachions, ne survolaient pas les montagnes, de sorte que nous n'avions aucune inquiétude à ce sujet.

« Plus de cinq cents Serbes costauds peuvent faire beaucoup de travail, mais il n'a pas fallu plus de trois jours de roulage de rondins et de compactage de pierres pour montrer que, même au rythme auquel nous avancions, cette centaine de mètres... Un long barrage de trente pieds de haut ne serait pas terminé avant la saison suivante, et que, même si nous le faisions avec un certain temps, les matériaux que nous y mettions étaient trop lâches pour arrêter l'eau. C'est à ce stade des choses que j'ai eu *ma* grande idée. J'avais travaillé dans des mines hydrauliques dans l'Ouest, et même si nous n'avions rien pour installer un tuyau et une buse, il y *avait* une chance de détourner un petit torrent de montagne qui dévalait les neiges à quelques mètres seulement en aval du site de notre barrage. Pourquoi ne pas, ai-je suggéré, construire seulement un enclos étroit de rochers et de rondins de pin pour agir comme une barrière, puis faire passer ce petit torrent (il coulait à environ cent pouces de mineur à ce moment-là) et le laisser s'écouler dans les eaux libres. « conglomérat » de la falaise de quatre cents pieds de haut à travers laquelle il coulait ? Comme personne n'avait autre chose à proposer, nous avons décidé d'essayer.

« Nous avons utilisé une bonne moitié de notre pauvre petite réserve de poudre pour faire la coupe pour faire passer le ruisseau, mais le travail était pour l'essentiel facile à creuser, et nous l'avons terminé en trois jours. Mon jeune « hydraulique » a certainement détruit beaucoup de roches et de graviers, mais, comme nous ne pouvions rien installer pour le confiner correctement, il s'est seulement répandu en un grand « éventail », qui à son tour a été évacué par la rivière. . Cela nous a laissé perplexes, et lorsqu'en plus une grosse tempête est arrivée et a provoqué une inondation qui a emporté tous nos abris, nous avons abandonné avec dégoût notre projet de « maîtriser la nature » contre les Autrichiens et avons recommencé à planifier des raids.

« Toute la nuit, il a plu à tout va et quand j'ai regardé hors de ma hutte le lendemain matin, la rivière dépassait ses berges et la bosseait comme un mustang « locoed ». Mais le plus drôle, c'est que la cascade du petit ruisseau que nous avions détourné semblait avoir disparu. Au début , je pensais qu'il était retourné dans son ancien canal, mais quand je suis descendu pour regarder, j'ai découvert qu'il avait été « englouti » par la falaise. Cinq fois plus gros que la nuit précédente, il s'est effondré sur une couche d'ardoise renversée, pour disparaître dans un jet mousseux jaune-blanc dans une fissure profonde qu'il s'était infiltré dans le « conglomérat » mou. Au bas de la falaise, il sortait en ébullition de sous la couche d'ardoise inclinée dans un ruisseau qui semblait être à parts égales de gravier et d'eau. Mon petit « hydraulique » avait manifestement miné une section en pente de la falaise sur une centaine de pieds ou plus, et seule la solide couche d'ardoise évitait un gros effondrement. Je n'avais jamais imaginé quelle serait l'ampleur de l'effondrement et ce à quoi cela allait conduire.

« La pluie chaude a continué à tomber toute la journée et elle tombait encore fort lorsque je me suis endormi cette nuit-là. Vers le matin, je fus réveillé par un rugissement cent fois plus fort que n'importe quelle coulée de neige que j'ai jamais entendue, puis arriva une secousse qui secoua toute la vallée. J'avais la certitude qu'un morceau de la falaise s'était effondré, mais je n'avais pas la moindre intuition que quelque chose ressemblant à ce qui était apparu au premier jour s'était détaché. La première chose que j'ai vue alors que l'obscurité se dissipait était le miroitement d'une étendue d'eau plate au fond de la vallée, un lac — comme s'il était tombé du ciel — juste là où nous essayions d'en créer un. nous-mêmes.

« La falaise s'était brisée de quelques centaines de pieds ou plus jusqu'au sommet et, en tombant, elle s'était accumulée clairement au-dessus de la tête de la gorge. Du côté le plus proche, il mesurait environ cent cinquante pieds de haut, du côté le plus éloigné, environ soixante.

"Avec la pluie qui tombait toujours à verse et la neige fondant partout dans les montagnes, l'eau descendait à un rythme qui faisait monter le lac à un rythme de deux pieds par heure toute la matinée, et plus de la moitié de cette vitesse, même lorsqu'il commençait à monter. réparties sur le fond de la vallée dans l'après-midi. La tempête a duré trois jours. Le deuxième matin, il y avait vingt-cinq pieds d'eau au barrage, le troisième quarante pieds et le quatrième près de cinquante. Le lac était à cette époque à la fois plus grand et plus profond que celui que nous avions prévu de créer nous-mêmes.

« Par chance, les ruisseaux descendant des montagnes dans la gorge en aval du toboggan gardaient deux ou trois fois leur débit moyen dans la rivière, et ainsi les Autrichiens – qui ne connaissaient pas très bien ses habitudes – n'ont pas remarqué que quoi que ce soit d'inhabituel. était sorti en amont. Nos éclaireurs rapportèrent que l' eau du lac inférieur n'avait pas beaucoup augmenté et qu'elle semblait se situer à environ quinze pieds au-dessus de la marque de danger. Les Autrichiens, disaient-ils, ne semblaient pas prêter plus d'attention au barrage que d'habitude.

"Nous espérions que la tempête tiendrait jusqu'à ce qu'il y ait suffisamment d'eau pour faire tomber le barrage d'elle-même, mais quand elle a commencé à se dissiper le quatrième jour, il était clair que la meilleure façon de s'en sortir était de pousser la chose. notre propre compte. Nous n'avions pas un centième de suffisamment de « géant » pour faire le travail, nous avons donc dû installer la meilleure solution de fortune possible en faisant tourner le jet encore rauque de mon « hydraulique » le long du sommet en pente du toboggan et en le descendant dans le gorge.

« Il était environ midi lorsque nous l'avons mis en marche, et tout l'après-midi, il a léché la terre meuble comme s'il s'agissait de sucre. À la moitié de la nuit, l'extrémité la plus proche du toboggan s'était effondrée, et le mur qui tenait encore commençait à se gonfler et à s'effondrer avec le suintement forcé de l'autre côté. Une demi-heure plus tard, nos torches en pitchpin montraient l'eau bouillonnant tout au long du chemin, et nous savions qu'il était temps pour nous de partir. Ce n'était pas trop tôt non plus, car le dernier homme était à peine hors du chemin lorsqu'une sorte de roulement intense commença, et puis… ouf !… elle sortit.

«J'étais dans le canyon de Yellowstone du Yankee Jim lorsque l'inondation à l'origine de la débâcle du lac s'est produite, mais ce n'était qu'un raté par rapport au rugissement qui retentissait maintenant. Les montagnes elles-mêmes tremblaient et le mouvement déclenchait des glissades de neige

« suspendues » tout le long de la gorge. Cela a dû être un tel vacarme lorsque le monde a été créé. Le lac fut vidé de sa boue en dix minutes, et il dut s'écouler environ deux fois plus longtemps avant qu'un nouveau bruit ne retentisse – un rugissement si profond qu'il semblait presque être un grondement venant de sous la terre. Mais nous savions que c'était le grand barrage qui était en service et que notre travail était terminé pour cette nuit-là.

« Le lendemain matin, à l'aube, tous les hommes en état de supporter l'ascension d'un sentier de montagne que nous connaissions – la route qui descendait dans la gorge avait été nettoyée – se sont jetés de trois côtés sur la petite force autrichienne dans le village où le barrage avait été construit. , et tué ou capturé tout le groupe. Puis nous avons poussé jusqu'au sommet des contreforts qui dominent la plaine. Là où se trouvait le principal camp autrichien se trouvait une coulée de boue lisse, parsemée de souches d'arbres cassés ; et rien de plus, c'était tout ce que nous pouvions voir aussi loin que nos yeux pouvaient atteindre.

"Et c'est exactement ça", s'écria Radovitch en se levant d'un bond et en brandissant le poing vers la ligne d'horizon dentelée au nord-est, au-delà de laquelle couraient les routes de Monastir, de Prilep et d'Uskub ; " De même, le moment venu, tout le troupeau de porcs sera balayé de Serbie ! "

REVENIR DE L'ALLEMAGNE
(COMME LE RACONTE UN PRISONNIER ÉVADÉ).

Je suis né dans une ferme du Wisconsin, presque en vue du lac Michigan et à seulement quelques kilomètres de la frontière de l'État de l'Illinois. Mon père était irlandais et ma mère allemande. Comme mon nom, la plupart de mes qualités, bonnes et mauvaises, étaient celles de mon père plutôt que celles de ma mère. Il mourut quand j'avais dix ans et, moins d'un an plus tard, ma mère épousa notre employé allemand. Ma mère n'a jamais été méchante avec moi, mais mon beau-père était une brute, et du jour de son arrivée chez nous je date une aversion sans cesse croissante pour sa race, aggravée par une sorte de fatalité qui, malgré de moi-même, a semblé travailler à me jeter parmi eux toute ma vie.

Mon beau-père a toujours été dur avec moi, mais jusqu'à mes seize ans, il s'est contenté d'utiliser un serpent noir et un fouet pour me battre. Je m'entendais du mieux que je pouvais avec lui, mais quand il célébra mon arrivée dans ce qu'il appelait « le domaine des hommes » en se lançant sur moi avec un manche de houe, c'était plus que je ne pouvais supporter. La deuxième fois qu'il a essayé, j'étais prêt à l'affronter et je lui ai donné un coup derrière l'oreille avec une clé à molette en fer qui l'a étendu sur le billot. Craignant de l'avoir tué – il n'était en réalité pas très blessé – je me suis enfui, n'emportant rien d'autre que la clé à molette que j'avais à la main. Je ne me suis jamais départi de cette bonne vieille clé à singe au cours de mes pérégrinations des dix années suivantes, et je me sentais plus mal de l'avoir perdue face aux Allemands en Flandre que des deux doigts arrachés par leurs éclats d'obus.

années suivantes , j'ai effectué toutes sortes de travaux agricoles, toujours employé par des Allemands, car presque toutes les fermes du sud du Wisconsin appartiennent à ces gens-là. Il y avait peut-être beaucoup de bonnes personnes parmi eux, mais j'ai toujours eu de la chance d'être avec les autres. Travailleurs acharnés eux-mêmes, ils étaient aussi de durs conducteurs pour ceux qui travaillaient pour eux, et pleins de petits trucs méchants pour vous faire gagner plus de temps ou vous donner moins d'argent. Bien sûr, étant colérique et avec une sorte de rancune envers tous les « têtes carrées » qui grandissaient en moi de toute façon, j'étais dans l'eau chaude la plupart du temps. La semaine qui s'est écoulée sans combat a été tout à fait exceptionnelle. S'ils se contentaient de me poursuivre à coups de poing, je gardais généralement les mêmes armes, et je ne me souviens guère d'une époque où je n'avais pas eu le dessus. Mais s'ils essayaient autre chose, je me rabattais toujours sur ma fidèle clé à singe, que je portais généralement accrochée à ma ceinture avec un cuir brut. Au bout d'un moment, tout comme les Indiens comptaient leurs scalps sur les manches de leurs tomahawks, j'ai commencé à faire une encoche sur le manche en bois de ma clé à singe pour chaque fois que j'en avais laissé tomber - je ne pense pas en avoir jamais tué un. — une « tête carrée » avec ça. Au début, fier de ce qu'ils représentaient, je les ai coupés larges et longs, mais j'ai vite compris que j'utilisais trop vite mon espace limité et, pour prévoir les « développements futurs », j'ai commencé à les couper plus petits. Il était surprenant de voir à quel point les encoches amélioraient l'adhérence.

À l'âge de vingt ans, j'étais capable de faire fonctionner à la fois le moteur et le séparateur d'une batteuse et j'ai commencé à aller vers l'ouest chaque été, dans les Dakotas et le Montana, pour bénéficier des salaires élevés des récoltes. Je passais mes hivers dans une grande usine à Racine, apprenant à réparer et à construire des batteuses et des tracteurs. En partie pour économiser l'argent que j'aurais dû payer pour un billet, mais surtout pour le plaisir, j'ai commencé à faire des allers-retours entre l'est et l'ouest dans les trains. Parfois j'emportais ma nourriture pour une semaine dans un wagon vide, parfois je montais dans le « bagage aveugle », mais le plus souvent c'était l'ancienne réserve du « raide-lié » appelée « monter les cannes ». J'avais bon courage et les bras forts, et il ne fallut pas longtemps avant que je puisse me relever et disparaître à l'intérieur des « pare-chocs » d'un train roulant trente milles à l'heure aussi facilement que le conducteur se balançait sur la queue du fourgon de queue. balustrade. Je ne savais pas que les astuces que j'avais apprises à l'époque allaient faire toute la différence entre mourir de faim dans un camp de prisonniers allemand et (ce qui se passe maintenant) être nourri de chocolats et de thés roses à Londres en guise de formation pour une autre tentative contre les Huns.

En 1913, je suis allé en Amérique du Sud pour créer et gérer des installations de battage qui avaient été vendues aux éleveurs par la société Racine avec laquelle je travaillais depuis des hivers. J'avais un contrat de deux ans et je devais aller en Uruguay ou en Argentine. Si j'avais fait cela, tout se serait probablement bien passé. Mais au dernier moment, à la suite de l'abandon de quelqu'un d' autre, j'ai été envoyé au Rio Grande do Sul, dans la région sud du Brésil. Mais ne croyez pas que parce que c'était le Brésil, il y avait des Brésiliens là-bas, ou du moins qui comptaient pour quelque chose. Les Allemands envahissent Rio Grande et Santa Catharina depuis trente ans, et aujourd'hui le sud du Brésil est aussi « hollandais » que le sud du Wisconsin. En fait, c'est probablement encore plus vrai, car il y a plus d'un demi-million d'Allemands là-bas, et à peine un tiers du nombre de Brésiliens.

J'avais évité les fermes allemandes depuis deux ou trois ans, mais à Rio Grande, tous les éleveurs étaient allemands et je devais aller partout où une entreprise avait été vendue de toute façon. Les encoches se sont multipliées assez rapidement sur ma vieille clé à molette pendant environ trois semaines, mais à la fin de cette période, je me suis retrouvé en prison pour avoir cassé les dents de devant d'un gros fermier allemand après avoir esquivé l'aiguillon de sa fourche. Notre agent à Santa Catharina et le consul américain à Santos m'ont mis au clair, mais le premier en a profité pour annuler mon contrat et me renvoyer chez moi avant, comme il l'a dit, que j'aie ruiné le commerce de l'entreprise dans cette extrémité du Brésil.

J'étais en train de parcourir les prairies avec un gros groupe de tracteurs à essence dans le nord du Manitoba lorsque la guerre européenne a commencé, et j'étais tellement sûr que mon pays allait prendre une sorte de position contre l'invasion de la Belgique que je me suis immédiatement préparé à rentrer chez moi. et enrôlez-vous au cas où nous devions soutenir la protestation par la force. J'ai attendu, la poigne serrée, jusqu'à ce qu'il soit clair qu'il n'y avait aucune chance que nos courageux hommes d'État à Washington fassent un quelconque geste - il a fallu trois ou quatre semaines avant que je perde espoir - puis j'ai abandonné mon poste et j'ai fait soixante miles à cheval en neuf heures jusqu'à la gare et se rendit au bureau de recrutement le plus proche. Ils m'auraient probablement pris pour un Américain, mais je ne risquais pas d'être rejeté. Je leur ai dit que j'étais un Canadien d'origine irlandaise et que le lendemain, j'étais mis à l'épreuve par le sergent instructeur. J'aurais pu obtenir beaucoup plus de salaire et un meilleur logement en général en entrant dans les transports et en conduisant un camion, mais je me suis soudain rendu compte que j'avais nourri une sorte de désir latent de tuer des Allemands depuis une décennie, et je je n'allais pas manquer l'occasion de laisser ce désir se réveiller. J'ai cousu une boucle supplémentaire à ma ceinture pour pouvoir toujours avoir ma bonne vieille clé à molette à portée de main, et j'ai commencé à attendre avec impatience le moment où je pourrais compléter mon « registre » des Hollandais frappés au manche. Je devrais peut-être utiliser mon fusil pour les travaux à longue distance, me disais-je, mais pour les combats rapprochés dans les tranchées, j'allais faire avec ma clé ce que les autres faisaient avec leurs baïonnettes. Heureusement, c'était pour ma tranquillité d'esprit à cette époque que je ne pouvais pas regarder en avant et voir ce que la fin des huit ou dix prochains mois me réserverait.

L'appel a été assez persistant pour les hommes au cours des premiers mois de la guerre et, malgré la pénurie de matériel de toutes sortes, notre formation a été précipitée dès le début. La plupart des garçons de mon régiment avaient déjà servi ou suivi une formation – certains avaient participé à la guerre d'Afrique du Sud et d'autres étaient membres des territoires anglais ou de la milice canadienne – et nous avons fait de bien meilleurs progrès que les contingents plus bruts qui est venu plus tard. Nous avons passé environ trois mois au Canada, un peu plus longtemps en Angleterre (où j'ai eu un soupçon de typhoïde dans la plaine de Salisbury), et au début du printemps

1915, nous étions en réserve en Flandre. Au moment où les Allemands ont fait leur deuxième tentative pour traverser Ypres jusqu'à Calais, nous avions été poussés vers la première ligne. Cependant, jusqu'à la grande attaque, nous n'avions pas eu de véritables combats. Les Allemands – j'avais commencé à les appeler Huns à cette époque au lieu de Néerlandais – effectuaient des raids dispersés sur nos tranchées et nous faisions des raids dispersés sur les leurs, mais je n'ai jamais participé à tout cela au point de me mêler au corps à corps. travail. Je n'avais aucune chance d'ajouter des encoches au manche de ma vieille clé à singe, mais comme je la portais toujours avec moi, les « Tommies » anglais (qui appellent une clé une clé) m'avaient surnommé « Spanner Mike ». Ils ont fait semblant de croire que j'étais un peu "craqué" à propos de mon fidèle vieil ami, mais j'ai découvert qu'ils n'hésitaient jamais à l'emprunter pour tout, depuis l'ouverture de cartons de chez eux jusqu'au bricolage de l'équipement de camions en panne - " des camions à moteur, " ils les appellent. Il est vraiment remarquable de voir à quel point un homme peut utiliser une clé à molette pour autant qu'il l'ait à portée de main quand il en a besoin.

Depuis quelques jours, les tirs d'obus contre nous devenaient de plus en plus intenses – du moins on disait alors qu'ils étaient intenses ; ce ne serait plus rien maintenant – et nous savions que les Huns se préparaient à une sorte d'attaque. De quel genre de gaz il s'agirait, nous ne l'avions guère imaginé, car même nos officiers semblent ne rien savoir du gaz qu'ils avaient expérimenté en Allemagne. Quand il est arrivé – il roulait vers nous en nuages épais comme les brumes matinales des « Bad Lands » du Dakota – le bruit s'est répandu que les munitions des Huns avaient pris feu, et nous nous disions qu'il fallait nous envoyer vers l'autre côté. profiter de la confusion. Ce n'est que lorsque nous avons commencé à remarquer qu'elle bouillonnait à intervalles assez réguliers – d'épais nuages jaunes et graisseux – qu'il semblait qu'ils pourraient nous jouer un tour, et à ce moment-là, l'une des langues avancées de l'étoffe chevauché dans notre tranchée.

Je n'oublierai jamais l'horrible agonie et la surprise dans les yeux des hommes qui ont reçu cette première dose. C'était l'expression d'un chien soudainement battu pour quelque chose qu'il n'avait pas fait. Ils se regardèrent avec des yeux interrogateurs – je me souviens seulement avoir entendu un homme se mettre à jurer – puis ils se mirent à déglutir et à tousser, puis tombèrent le visage dans les mains. Pendant tout ce temps, les éclats d'obus sautaient au-dessus de moi et faisaient pleuvoir des balles, et, juste au moment où le gaz commençait à se déverser sur mon parapet, une balle m'a arraché mon fusil des mains, et j'ai glissé dans la boue en sautant en arrière et en descendant dans la boue. un tas. Cela a dû prendre six semaines avant que je me remette debout.

Ma première sensation fut une sensation de brûlure à l'intérieur de mon nez. Cela s'est rapidement étendu à ma gorge, puis, alors que mes poumons semblaient soudain remplis d'aiguilles brûlantes, j'ai été pris d'un spasme de toux. Cracher des aiguilles brûlantes n'est pas vraiment une opération agréable et la douleur était intense. Heureusement, il ne fallut que quelques minutes avant qu'une sorte de stupeur ne semble se manifester, mais alors même que je passais à demi-conscience, j'avais conscience de mes poumons indignés se révoltant, dans des élans qui secouaient mon corps, contre le poison qui avait inondé le corps. tranchée. Chez certains de mes camarades, l'instinct de combat a été la dernière chose qui est morte, et j'ai comme le souvenir de deux ou trois d'entre eux agrippés au parapet et tirant depuis leurs épaules secouées par la toux dans les profondeurs des nuages de gaz jaunes roulants. . Un garçon s'est renversé à côté de moi et a continué à tirer depuis le fond de la tranchée. Je me souviens avoir tenté vaguement de lui arracher son fusil des mains alors qu'il le tirait sur mon oreille, et, ne parvenant pas à le localiser avec mon pied, je me souviens avoir cherché instinctivement ma vieille clé et essayé de le désarmer avec ça. Mon dernier souvenir de cette étape des choses a été le choc de sentir la poignée de la clé basculer vers l'arrière sans danger, faute de mes deux doigts brisés par des éclats d'obus pour la stabiliser.

Je m'étais roulé et tordu, dans l'agonie de la douleur des gaz dans mes poumons, dans une mare de neige fondante au fond de la tranchée, et ce devait être le fait d'être allongé, le visage enfoui dans l'épaule de ma tunique de laine mouillée . cela m'a sauvé la vie. La plupart de mes camarades étaient complètement inconscients lorsque les Huns, la tête protégée par des « snoots » amples, sont arrivés en masse dans la tranchée, mais j'avais suffisamment de sens non paralysés pour pouvoir les observer d'une manière floue. L'horrible silence de la chose était franchement étrange. Auparavant, l'ennemi avait chargé en criant (il est indiqué dans son manuel qu'il le fait, bien que, bien sûr, un homme « donne la langue » naturellement dans de telles occasions par simple excitation), mais maintenant ils n'émettaient plus aucun son. C'était probablement un ordre, de sorte qu'il ne fallait pas aspirer dans les poumons plus d'air que nécessaire, mais même lorsque certains d'entre eux essayaient de parler, les mots étaient si étouffés qu'il devait être très difficile de les distinguer.

Les Huns étaient plutôt excités au début et se sont lancés dans la tranchée en frappant un corps après l'autre à la baïonnette. Mais avant qu'ils n'arrivent à moi, un officier les arrêta pendant une minute et leur fit évidemment comprendre qu'ils ne devaient limiter leur massacre qu'à ceux qui tenteraient de résister. Deux ou trois de nos garçons, qui n'avaient pas complètement sombré mais n'avaient pas assez de bon sens pour comprendre l'inutilité de se battre, firent quelques passes groggy chez les

Huns et payèrent la pénalité. Je suis resté tranquillement allongé et j'ai joué à « l'opossum », mais j'ai reçu un vilain coup de pouce à l'aine lorsque l'un d'eux m'a retourné avec sa baïonnette pour voir où j'étais blessé. Il y avait encore beaucoup de gaz au fond de la tranchée, et entre cela et la perte de sang, j'ai dû complètement perdre connaissance à ce moment-là.

Mes souvenirs du lendemain ou des deux jours suivants sont très vagues et confus, mais une chose a été photographiée si clairement dans mon esprit que son image ne s'est jamais estompée ; J'ai même chaud en y repensant maintenant, plus d'un an plus tard. C'est la dernière chose que j'ai vue avant de « m'endormir » dans les tranchées : deux Huns utilisant ma clé à molette (l'outil avec lequel j'avais « mitraillé » les « Hollandais » pendant les dix dernières années et que j'avais emporté avec moi). pour continuer ce bon travail) pour bricoler une de nos propres mitrailleuses brisées afin de l'utiliser contre nos propres hommes. Je ne l'ai jamais revu, et sa perte m'a marqué pendant toute l'année que j'étais condamné à passer dans les hôpitaux et les camps de prisonniers allemands.

Je me souviens avoir été transporté sur une civière et avoir traversé un ou deux postes de secours où mes blessures étaient lavées et pansées. Mes souvenirs connectés commencent après mon réveil dans un hôpital – bien loin du Front, mais toujours pas hors du bruit des armes à feu – qui était évidemment entièrement consacré aux cas de « gaz ». La salle où je me trouvais était remplie d'hommes de mon propre régiment, mais ce qui m'intéressa particulièrement, dès que je pus m'intéresser à autre chose que ma propre souffrance, c'était de constater qu'un grand nombre d'Allemands étaient également traités dans des conditions extrêmes. le même hôpital. Je n'ai jamais découvert comment ceux-ci avaient été « gazés », mais je suppose que c'était soit à cause d'accidents sur leur appareil, soit à cause de leurs « snoots » défectueux.

Quoi qu'il en soit, les Allemands s'étaient manifestement préparés à l'avance aux cas de « gaz », et il est probable qu'ils aient sauvé un grand nombre d'entre nous qui aurions pu mourir si nous avions été ramenés dans nos propres hôpitaux, où ils l'ont fait, à ce moment-là. temps, de petites installations pour gérer ce genre de problèmes. La salle était aussi chaude qu'un bain turc, et certains de nos gars pensaient que cela avait pour but d'aggraver notre agonie. L'un d'entre eux, qui a sauté du lit, a ouvert une fenêtre, a pris une bouffée d'air froid et est mort la même nuit, nous a donné une véritable leçon de choses sur la raison pour laquelle l'air devait être maintenu à une température proche de la chaleur du sang. Certains d'entre eux pensaient également qu'une sorte de substance qu'ils nous faisaient inhaler nous rendait pire plutôt que meilleur, mais ce n'était que leur imagination. S'il y avait un motif de plainte réel, c'était peut-être parce que les médecins avaient tenté de nombreuses expériences sur nous parce que c'était la première fois qu'ils avaient eu l' occasion d'étudier l'intoxication par les gaz à grande échelle, mais ce n'était rien de plus que nous. on aurait pu s'y attendre. Il est probable que nos propres médecins auraient été ravis d'avoir quelques « chiens », en forme de Huns, pour « l'essayer » lorsqu'ils ont commencé à étudier le « gazage ».

Mais les médecins étaient toujours attentifs et les infirmières toujours gentilles – plus que gentilles, pour la plupart. Mais je savais déjà que le meilleur atout d'une infirmière était sa « sympathie », et celles que j'ai rencontrées en Allemagne ne faisaient pas exception à la règle. Je pense que c'est la façon dont ces *demoiselles blondes* et potelées s'occupaient de nous, pauvres diables, dans cette salle brûlante qui m'a empêché d'essayer de me déchaîner et de commettre un meurtre dès que j'étais assez bien pour être sûr que mon souvenir de ces deux Huns bricoler notre mitrailleuse avec ma vieille clé à molette n'était pas une « vision fiévreuse ».

Depuis mon retour en Angleterre, on m'a souvent dit qu'il valait mieux ne pas trop parler de mes souffrances dans les camps de prisonniers allemands, car cela pourrait être une façon d'aggraver encore la situation de ceux qui sont encore condamnés à y rester. J'aborderai donc légèrement cet aspect de mes expériences et, par mesure de sécurité, j'essaierai de ne citer nommément aucun camp ou autre localité allemande. Après ma sortie de l'hôpital, j'ai été envoyé dans ce qui, si je l'avais su, était le camp de prisonniers le plus libéralement géré en Allemagne, mais même là, le traitement était si abominable en comparaison de ce que j'avais reçu et j'avais le droit de le faire. Je m'attendais à ce que cela annule immédiatement l'effet « apaisant » que les infirmières et les médecins avaient eu sur moi. Je ne veux pas dire que j'y suis allé physiquement beaucoup — ma constitution était trop forte pour cela — mais seulement que ma vieille haine des Huns a redoublé. Tout cela aurait été très bien si j'avais seulement été de retour dans les tranchées, mais dans un camp de prisonniers, cela ne pouvait avoir qu'une seule fin. J'ai frappé son élan avec mon poing – très fort, c'était sa tête rasée qui a touché ma « droite » à moitié guérie – le premier garde qui a essayé de me pousser en ligne avec le bout de sa botte. Puis j'ai épuisé les forces qui me restaient dans une bagarre avec trois ou quatre autres, jusqu'à ce que l'un d'eux finisse par m'endormir avec la crosse de son fusil. Dans au moins trois autres camps que je pourrais nommer, j'aurais été abattu sur-le-champ (c'est arrivé à beaucoup de garçons dont la fierté l'a fait se déchaîner sur un garde brutal), et je peux m'estimer très chanceux de m'en être sorti sans aucun problème. plus qu'un peu plus de passage à tabac et deux semaines d'isolement cellulaire avec du pain noir et de l'eau. La pire conséquence de mon action a peut-être été mon transfert, quelques semaines plus tard, dans un camp devenu depuis connu à la fois pour son caractère insalubre et son inhumanité.

Les premières lueurs de bon sens (concernant la situation à laquelle j'allais devoir faire face en tant que prisonnier de guerre en Allemagne) furent introduites dans ma tête un peu épaisse par le coup de crosse de fusil ; le reste – assez pour me mettre sur la bonne voie, au moins – s'est infiltré pendant mes deux semaines d'isolement cellulaire avec du pain et de l'eau. Je n'étais d'aucune utilité ni à moi-même ni à qui que ce soit dans un camp de prisonniers allemand, me disais-je. Je n'avais aucune chance là-bas ni de tuer des Huns ni de détruire leurs biens. Une fois dehors, je pourrais peut-être faire les deux, peut-être même retourner en Angleterre et rejoindre mon régiment s'il en restait. Comment s'en sortir ? telle était la question. À partir de ce moment-là, j'ai orienté chacune de mes pensées et mes actes vers cette seule fin.

Ce qui rend presque désespérée la sortie d'un prisonnier de guerre d'Allemagne n'est pas tant l'évasion réelle de sa prison - qui est relativement facile, surtout s'il travaille à l'extérieur - que le manque de vêtements et d'argent, et la difficulté de sortir d'Allemagne. d'éviter de se trahir en étant incapable de parler la langue. Ces choses font qu'il y a mille chances contre un qu'un prisonnier moyen dispose de plus de vingt-quatre heures de liberté à l'extérieur. Les chances de succès sont si grandes que rares sont ceux qui tentent de le faire. Heureusement, j'avais un avantage sur la plupart des prisonniers : ma capacité à parler assez bien l'allemand. Je devais avoir beaucoup d' accent , bien sûr, mais je comprenais quand même tout ce qu'on me disait en allemand, et j'étais aussi capable de dire tout ce que je voulais. Ce serait suffisant, me disais-je, pour bluffer auprès des gens ordinaires que je pourrais rencontrer sur le fait que j'étais un Allemand-Américain de retour revenu travailler pour ma patrie ; c'est-à-dire que je devrais pouvoir empêcher de telles personnes de se méfier de moi, lorsqu'elles auraient attaqué ou dénoncé un homme qui ne savait pas immédiatement parler allemand. Je devrais éviter de me battre contre tout ce qui concernait la police ou les fonctionnaires et, comme je prévoyais qu'il devait y avoir toutes sortes de contrôles sur les étrangers et les voyageurs , je savais que je devrais éviter les trains et les hôtels. Je me sentais donc sûr de moi sur le plan du langage ; les vêtements et l'argent étaient des choses qui devaient être fournies selon l'opportunité offerte. Heureusement, le destin a été très gentil avec moi à cet égard.

Un petit incident que je dois mentionner avant de poursuivre mon histoire. Dans la prison, j'ai été transféré à la plupart des prisonniers anglais, après un certain temps, j'ai commencé à recevoir des colis de chez moi, même certains des Canadiens entrant dans le cadre de l'accord. N'ayant aucun ami ni au Canada ni en Angleterre, je n'ai rien reçu directement, mais toutes sortes de petites choses sympas et délicates m'ont été proposées lors du «divvy» final. Un garçon du sud de l'Angleterre, qui mourait d'une sorte d'empoisonnement lent du sang et d'un manque de soins d'une blessure jamais cicatrisée à la nuque, s'est montré particulièrement généreux avec moi avec les choses qu'il avait reçues de chez lui, et quand il a finalement sombré , j'ai réussi à obtenir l'autorisation d'écrire quelques mots à sa famille, leur disant, entre autres choses, combien il avait été gentil avec moi avec ses colis. Et que devraient-ils faire – sa mère et ses sœurs au cœur brisé dans le Devonshire – sinon m'adopter à sa place et continuer à envoyer du chocolat, des cigarettes et d'autres « friandises » aussi régulièrement qu'avant. Et maintenant, ils sont venus me voir ici et me disent qu'ils continueront à m'envoyer des choses à mon retour au Front, comme si j'étais le garçon qu'ils avaient perdu.

Dès que j'ai complètement décidé de ce que je voulais faire, j'ai continué à me comporter correctement , je suis entré dans la classe des « fidèles » et j'ai été l'un des premiers choisis pour un travail extérieur lorsque l'appel est venu pour que les prisonniers anglais m'aident. dans la récolte et la construction de routes. J'ai eu de bonnes chances de pratiquer mon allemand pendant les travaux de récolte, mais les perspectives de réussite après une « escapade » n'étaient pas très prometteuses et j'avais assez de bon sens pour attendre mon heure. Mais quand je me suis lancé dans les travaux routiers et que la première chose que j'ai vue a été un groupe de Huns regroupés autour d'un vieux tracteur Holt « Caterpillar » qui était resté bloqué sur eux, j'ai senti que le moment approchait.

Or, un « Caterpillar » est à peu près le meilleur tracteur au monde pour un usage général, à condition qu'il soit conduit par un homme qui a beaucoup d'expérience avec ses petites manières amusantes ; entre les mains de n'importe qui d'autre, même d'un ingénieur de premier ordre qui est tout à fait à l'aise avec un tracteur à roues, c'est la source initiale des ennuis. Cependant, pour moi, la machine était une vieille amie, car j'en avais utilisé une pendant deux ou trois saisons dans l'Ouest et j'avais travaillé un hiver dans l'une des usines de l'entreprise dans l'Illinois. J'ai profité de la première occasion pour faire connaître mes qualifications aux Huns, et quand ils m'ont vu commencer à suivre la « piste » bancale, ils m'ont presque tombé au cou sur-le-champ. Ils avaient saisi la machine dans un champ de betteraves sucrières belges quelques jours après le début de la guerre, expliquèrent-ils, et elle avait été utilisée pendant un certain temps pour transporter de l'artillerie lourde lors de la campagne vers la France. Au bout d'un certain temps , l'usage intensif avait commencé à se faire sentir sur la « piste » et, comme ils n'avaient pas de nouvelles pièces pour remplacer celles qui étaient usées, cela avait depuis causé autant de problèmes qu'il en valait la peine. Quand je leur ai dit que c'était un ajustement plutôt qu'un remplacement qui s'imposait, et que dans quelques jours je pourrais avoir la machine comme neuve, ils se sont démenés pour m'« emprunter » pour le travail.

En fait, le vieux "crawler" était sur le point d'être à bout de souffle, mais je savais de toute façon que je pouvais le bricoler pour lui donner une sorte de forme de course, et la liberté relative du travail était ce que je voulais. Cela a fonctionné encore mieux que ce à quoi je m'attendais, car après un ou deux premiers jours, afin d'économiser le temps nécessaire à me ramener au camp de prisonniers la nuit et à me ramener le matin, ils se sont arrangés pour que je dorme dans le camp. le camp routier. Ils étaient trop occupés à bousculer le travail pour songer à me demander ma libération conditionnelle, ce qui était une chance, car j'aurais eu du mal à ne pas y rompre.

Avec deux hommes pour m'aider, j'ai entièrement démonté le tracteur, remonté les roulements, réajusté les vitesses et l'ai remis en marche au bout d'une semaine. Avec une ficelle ramenée au siège pour ouvrir l'accélérateur en cas de tractions brusques, je l'ai fait serpenter une file de dix wagons chargés de roche concassée là où il avait calé sur trois avant la révision. Au cours de cette semaine, j'avais également réussi à rassembler, n'importe comment, plusieurs marks en argent et j'avais réussi à cacher si bien la veste graisseuse d'un de mes assistants qu'il avait renoncé à la chercher et s'en était procuré une nouvelle. Une casquette de machiniste m'avait déjà été donnée, et le soir où l'autre assistant avait lavé sa combinaison et l'avait jetée au-dessus de sa tente pour la faire sécher, j'ai rapidement décidé, voyant l'occasion de compléter ma garde-robe, que le moment était venu de passer à l'action. . Ils m'avaient proposé un emploi stable à la tête de l'ancienne « Caterpillar », et à un prix meilleur que le « salaire de prisonnier » ordinaire, mais comme cela m'aurait permis de rester dans le même quartier , je ne comprenais pas en quoi cela améliorerait le moins mes chances. pour « s'attarder ».

Il était censé y avoir une sentinelle surveillant les engins routiers et gardant également un œil vigilant sur la tente où je dormais avec une demi-douzaine d'ingénieurs, mais il ne prenait pas son travail très au sérieux et je savais que je n'aurais pas de problème. difficulté à l'éviter. Nous avions eu une dure journée, et mes compagnons de tente étaient au lit à la tombée de la nuit – vers 8 heures – et endormis, grâce à leur respiration profonde, quelques minutes plus tard. Ils dormaient tous dans leurs vêtements de travail, sinon j'aurais pu confectionner ma tenue sur-le-champ. Mais cela n'avait pas d'importance, car moins d'une demi-minute après m'être glissé sans bruit sous le rabat de la tente desserré, je m'éloignais sur la route avec une tenue complète de machiniste allemand sous le bras. Cinq minutes plus tard, je me suis arrêté dans l'obscurité plus sombre sous un arbre au bord de la route et je les ai enfilés par-dessus ma combinaison de prison, prévoyant à juste titre que la chaleur supplémentaire de cette dernière pourrait être la bienvenue si j'avais beaucoup de sommeil dehors.

C'était probablement en partie par bravade, et en partie parce que je sentais que si je me trompais, je serais recherché dans la direction opposée, cela m'a poussé à me diriger vers la ville de X——, à trois kilomètres de là. Et c'est probablement la même combinaison qui m'a amené, après avoir parcouru sans difficulté la longue rue principale, à marcher jusqu'au guichet d'une séance de « cinéma », à payer mes vingt-cinq pfennigs et à entrer. S'il y avait eu un tollé ce soir-là (ce qui n'a pas eu lieu), c'était sans aucun doute le dernier endroit où ils m'auraient cherché.

Les films étaient pour la plupart des vues de guerre – présentant de belles choses sur les fronts russe et français – et d'autres sujets patriotiques, mais parmi eux se trouvait l'un de ces « thrillers sanglants et tonnerre » de Californie. Je ne me souviens pas exactement comment l'histoire s'est déroulée, mais ce qui m'a fait réfléchir, c'est la façon dont l'héroïne a arraché les lumières de l'automobile dans laquelle ils l'avaient kidnappée, et les a ensuite mises en gage pour obtenir un billet de retour. Qu'est-ce qui m'empêchait de revenir en arrière et de m'occuper de mon vieux « Caterpillar » ? Je me suis demandé. La magnéto valait environ une centaine de dollars, et même si je n'avais aucune chance de la vendre, c'était dommage de négliger un peu de « mitraillage » si facile. J'ai conclu que mes pas avaient été guidés vers ce « film » par ma bonne étoile, et je me suis rapidement levé et je suis reparti pour le camp de construction de routes. En chemin, des villageois ivres sont passés devant moi en chantant « l'Hymne à la haine », dont j'avais déjà capté l'air et la plupart des paroles, et, par pur bonheur d'être à nouveau (ne serait-ce que pour quelques heures) en liberté. , je me suis joint aux éclats explosifs du refrain, retentissant plus fort que n'importe lequel d'entre eux sur "England!" Évidemment, inconsciemment, j'avais fait ce qu'il fallait faire, car ils élevèrent la voix pour correspondre à la mienne, poussèrent un ou deux « Hoch » et s'en allèrent sans s'arrêter. Cela m'a aussi donné une idée. Durant les deux semaines qui suivirent mon pérégrination en Allemagne, chaque homme, femme ou enfant que je croisai sur la route, dans la lumière ou dans l'obscurité, aurait pu m'entendre fredonner « L'hymne à la haine », « Die Wacht am Rhein » ou , après l'avoir maîtrisé vers la fin, « Deutschland über Tout . »

Il était évident que ma fuite n'avait pas été découverte, car je trouvais le camp aussi calme que lorsque je l'avais quitté trois heures auparavant. Je pouvais à peine distinguer la silhouette de la sentinelle marchant le long de la file de tracteurs et de wagons-bennes , mais la toile qui avait été jetée sur la « chenille » pour la protéger d'une éventuelle pluie me permettait d'échapper facilement à son attention. . De lumière je n'avais pas besoin ; Je connaissais assez bien le vieux « 65 » pour y travailler pendant mon sommeil. Une clé et une paire de pinces, situées exactement là où je les avais laissées dans leurs boucles dans le couvercle de la boîte à outils au-dessus de la « piste » droite, étaient tout ce dont j'avais besoin. J'ai d'abord coupé les fils de cuivre isolés allant à la magnéto avec les pinces, puis (en plaçant mon mouchoir double plié dessus pour éviter le bruit) j'ai dévissé avec la clé les écrous des boulons qui maintenaient l'appareil électrique coûteux au cadre en acier de le tracteur. Ensuite, j'ai coupé avec un couteau un carré de bonne taille de la toile paulin qui recouvrait la machine, j'y ai enveloppé la magnéto et j'ai attaché le paquet avec un morceau de fil de cuivre isolé, en laissant une boucle doublée pour une poignée. Ensuite, j'ai jeté certains des réglages les plus délicats, j'ai laissé tomber quelques bric-à -brac de petits outils et des morceaux de métal parmi les engrenages là où ils feraient le plus de « bien », j'ai empoché le couteau et les pinces et, avec la magnéto en un. main et la plus grosse clé que j'ai pu trouver dans l'autre, je suis reparti pour X—— à nouveau. La clé a été ma dernière et plus grande inspiration ; c'était pour remplacer celui que les Huns m'avaient volé dans les tranchées. Je suis heureux de pouvoir écrire que je l'ai actuellement sur moi et qu'il doit repartir avec moi au Front -, j'espère faire un peu du « mitraillage » que le Destin a refusé à l'autre. .

Il est probable qu'aucun prisonnier de guerre n'ait jamais été en liberté à l'intérieur de l'Allemagne avec une idée plus claire de ce qu'il voulait faire et de la manière dont il comptait le faire, que moi à ce moment-là. Je savais que ma seule chance d'échapper à la capture dans les vingt-quatre heures suivantes était de parcourir un long chemin – cent milles ou plus – entre moi et cet endroit à la lumière du jour, lorsque « l'alarme » se déclencherait. Je savais que le seul moyen d'y parvenir était de prendre le train ; mais je savais aussi que le moyen le plus rapide d'être arrêté instantanément était d'essayer d'entrer dans une gare et de prendre un train de la manière habituelle. Pour quiconque, sauf celui qui avait fait des allers-retours à travers le continent nord-américain comme moi, le jeu aurait semblé désespéré.

J'étais cependant loin de désespérer ; en fait, je ne me suis jamais senti plus égal face à une situation de ma vie. Tout dépendait de mon premier train. Après cela, j'ai senti que je pouvais me débrouiller. J'avais étudié d'aussi près que possible les voitures particulières allemandes en les regardant passer de loin, et j'étais certain qu'elles offraient un assez bon logement « touristique » sur les « pare-chocs » ou poutres de frein ; mais je n'avais pas l'impression de connaître suffisamment leur « architecture » sous-jacente pour les embarquer lors de mes déplacements. Cela signifiait que j'allais devoir commencer mon voyage « inaugural » depuis une gare ou une voie d'évitement, où je pourrais trouver un train au repos. Une voie d'évitement aurait, bien sûr, été de loin préférable, mais comme je n'en avais pas de manière précise et que je savais que je pourrais facilement perdre le reste de la nuit à en chercher une, la *gare* X... était la seule alternative. Parce que c'était clairement la *seule* solution, j'étais bien plus nerveux pour ce travail que si j'avais dû choisir entre deux ou trois lignes d'action.

Je n'avais aucun doute non plus sur la façon dont les choses devraient être faites. Aux guichets ou aux portes du hangar à trains, j'étais sûr que je serais immédiatement interpellé – même si la police n'avait pas encore été informée de mon évasion – et détenu pour enquête. De plus, je n'avais pas assez d'argent pour parcourir le quart de la distance que je pensais devoir parcourir pour être raisonnablement en sécurité. Le seul moyen était de suivre les voies ferrées à travers les chantiers et de tirer le meilleur parti de toute opportunité qui se présentait. La magnéto de dix ou douze livres serait une véritable nuisance, mais, comme sa vente éventuelle à un endroit éloigné offrait un moyen facile d'obtenir l' argent dont j'étais sûr d'avoir besoin, j'ai décidé de ne pas la lâcher avant d'avoir à.

Je connaissais déjà le plan général de la gare X... et j'ai décidé qu'il valait mieux se rendre aux voies ferrées en traversant un champ juste à l'extérieur de la ville. Ma route traversait la ligne un demi-mile plus loin, mais j'étais sûr qu'un pont sur un canal qu'il faudrait traverser si j'empruntais les traverses à cet endroit serait gardé par des soldats. Un trébuchement dans un fossé obstrué par les mauvaises herbes, une marche pénible sur quelques centaines de mètres de chaume de seigle, une escalade par-dessus le grillage de l'emprise, et j'étais une fois de plus en train d'écraser des pierres en lestant sous mes brogans, comme je l'avais fait. fait si souvent auparavant. Dix minutes plus tard, je passais sans problème sous les lumières d'une tour d'aiguillage et j'étais à l'intérieur des X... yards. Presque au même moment, un phare brillant s'est allumé sur la ligne devant moi, et avant que j'atteigne la gare, un long train de voyageurs s'était arrêté et s'était arrêté. «Juste à temps», me murmurai-je; "C'est *mon* train, où qu'il aille."

En entrant dans le hangar, j'ai évité les quais et me suis précipité entre le train de voyageurs et une file de wagons de marchandises stationnés sur la voie suivante. Des mains de deux ou trois mètres me frôlèrent sans un regard, car il n'y avait pratiquement aucune différence entre l'engin graisseux de mon machiniste et le leur. Mais alors que je m'arrêtais et commençais à regarder sous l'un des *premiers* wagons, j'ai vu, du bout de l'œil, un serre-frein du train de marchandises s'arrêter dans sa montée au bout d'un des wagons et tendre la tête d'un air suspicieux dans ma direction. . Des dizaines de fois auparavant (mais jamais avec autant d'enjeux), j'avais été confronté au même genre d'urgence et, sans un instant d'hésitation et comme si c'était la chose la plus naturelle au monde, j'ai commencé à exploiter l'un des roues avec ma grosse clé en acier. Dieu seul sait s'ils testent ainsi les roues des voitures fêlées en Allemagne ! En tout cas, je ne les ai jamais vu faire cela. Quoi qu'il en soit, cela servait à faire croire au serre-frein que j'étais là pour affaires, car il monta dans son train et disparut hors de vue. Deux secondes plus tard, j'étais blotti sur les « pare-chocs » avec ma clé et ma magnéto sur mes genoux.

Les poutres de frein d'un *schlafwagen allemand* ne sont pas aussi spacieuses que celles d'un Pullman américain, mais elles pourraient être bien pires. Le train était assez rapide, faisait peu d'arrêts et je crois qu'il m'aurait emmené directement à Berlin si j'étais resté assez longtemps à bord. Cependant, je me sentais plutôt à l'étroit et raide au bout de quatre ou cinq heures, et ne voulant pas courir le risque d'être vu rouler à la lumière du jour, je suis descendu alors que le train ralentissait à un carrefour à la périphérie de ce qui apparaissait, et je me suis retrouvé , pour être une grande ville manufacturière. La magnéto a glissé de ma main à deux doigts alors que je sautais, et elle est remontée dans le grenouille d'un interrupteur avec une secousse qui a dû jouer avec ses entrailles délicates, mais je ne m'inquiétais pas à ce sujet. J'étais là, sain et sauf, à une bonne centaine de kilomètres de tout endroit où ils penseraient à me chercher. De plus, j'avais de l'argent en poche, ainsi que les moyens possibles d'en obtenir davantage. Je n'aurais pas pu rêver d'un meilleur départ.

Il y a un certain nombre de raisons pour lesquelles il ne serait pas préférable pour moi d'entrer dans les détails à ce stade des différentes manières dont j'ai évité les difficultés pour franchir les frontières allemandes, la moindre d'entre elles n'étant pas que cela pourrait permettre de franchir les frontières allemandes. plus difficile à l'avenir pour un autre pauvre diable qui essaie de faire la même chose. Je ne pense cependant pas qu'il y aurait une chance sur mille pour un prisonnier britannique moins « à l'aise avec le jeu » – un homme incapable de parler la langue et de voler des passagers sur les « poutres de frein » des trains. méchant – que je devais gagner à une grande distance de la frontière. Mais quoi qu'il en soit, je ne vais pas rendre la tâche plus difficile à quiconque en aura l'occasion en racontant comment j'ai fait.

L'argent, que j'obtiendrais en vendant la magnéto du tracteur que j'avais amené avec moi, était la première chose à laquelle je m'occupais après m'être éloigné du pays dans lequel j'allais être recherché, et c'était d'aller après cela, j'étais le plus près de « devenir un recadrage ». J'ai commis l'erreur – dans ma hâte de me débarrasser du fardeau de cet objet lourd – de l'offrir au premier magasin de fournitures électriques où je suis arrivé. Le propriétaire voulait vraiment l'objet, mais s'il semblait accepter assez facilement mon histoire selon laquelle j'étais un Allemand-Américain de retour travaillant dans des usines de munitions, il a déclaré que la loi l'obligeait à appeler la police et à lui demander si quelque chose de ce genre se produisait. avait été signalé comme volé. Je n'avais pas du tout peur que la magnéto soit signalée à un point aussi éloigné de celui d'où je l'avais prise, mais je savais que je ne pourrais pas « rester debout » pendant deux minutes dans n'importe quel type d'entretien avec le police. J'ai donc dit au vieux Fritz d'aller téléphoner et, dès qu'il avait le dos tourné, j'ai saisi la magnéto et je me suis glissé dans la rue aussi doucement que possible.

Que la police ait fait des efforts pour me retrouver ou non, je ne l'ai jamais su. De toute façon, il n'y avait aucune preuve de cela. Je me suis dirigé vers la première rue latérale, puis dans une autre, puis j'ai continué jusqu'à ce que j'arrive devant une petite brocante sale avec un nom juif au-dessus de la porte. Heureusement, le vieux Sheeny avait fait du commerce de bric-à-brac et de quincaillerie et connaissait immédiatement la valeur des marchandises que j'avais à offrir. En fait, la magnéto était une « Bosch », fabriquée en premier lieu en Allemagne, et importée aux États-Unis par les constructeurs du tracteur sur lequel je l'avais prise. J'étais pas mal essoufflé à cause d'une marche rapide – je n'avais de toute façon pas beaucoup de force à ce moment-là – et le vieil Hébreu astucieux devait être sûr que j'avais volé l'objet en moins d'une heure. Il ne dit cependant pas un mot sur le fait d'avoir « téléphoné à la police », se contentant de me regarder sournoisement du coin de l'œil et de m'offrir cinquante marks pour un instrument qui valait quatre ou cinq cents en temps ordinaire, et probablement la moitié de ce prix. davantage par des exigences de guerre. J'aurais probablement pu obtenir davantage de lui, mais je n'étais pas d'humeur à marchander, et la rapidité avec laquelle j'ai accepté son offre a dû confirmer les soupçons que le vieux renard avait pu avoir sur la façon dont je suis arrivé aux « marchandises ». .» De toute façon, le joint n'était probablement guère plus qu'une « clôture » – un centre d'échange de voleurs – et j'ai eu beaucoup de chance de tomber dessus par hasard.

J'ai pris deux repas copieux ce jour-là dans des restaurants bon marché – en prenant soin de ne commander ni pain ni rien d'autre pour lequel je pensais avoir besoin d'une « carte » – et cette nuit-là, je me suis retrouvé sur les « tiges » d'un passager. train qui avait ralenti à environ dix milles à l'heure à un passage à niveau et avait roulé pendant plusieurs heures dans une direction que j'ai correctement supposé être celle de la frontière néerlandaise. J'ai passé la journée suivante à me déplacer librement dans une ville manufacturière de bonne taille, et la nuit suivante, j'ai « traversé » une ville à la frontière des Pays-Bas. Comme il ne s'agissait pas d'un endroit où il y avait d'usines, mon engin de machiniste ne se « fondait pas dans le paysage » de la même façon que dans les endroits où il y avait beaucoup d'industries, et je n'y suis resté que longtemps. assez pour m'assurer que la frontière était gardée de manière à ce que j'aie de grandes chances de ne pas passer sans aide. Je savais que je pouvais obtenir une telle aide en Belgique et, comme tout le réseau ferroviaire allemand semblait être à ma disposition pour des excursions nocturnes, j'ai décidé de tenter ma chance de ce côté-là. J'ai voulu jeter un coup d'œil à Essen et à Krupps alors que j'étais si proche, mais j'ai finalement conclu qu'il ne valait pas mieux prendre des risques dans un quartier où il y avait sûrement plus de gens à surveiller que partout ailleurs. Les sommets lointains de hautes cheminées et un nuage de fumée dans le ciel étaient tout ce que j'ai vu du « lieu où la guerre s'est déroulée ».

Les Allemands se vantent de disposer d'un excellent système de renseignement, mais pas une seule fois, autant que j'ai pu le constater, je n'ai été soupçonné pendant les quelques jours où je me suis rendu tranquillement, par un chemin plus ou moins indirect, en Belgique. En fait, je ne leur ai pas donné grand-chose à « s'emparer ». Je suis resté fidèle à mon plan initial consistant à éviter les gares et les hôtels et à ne rien demander dans les magasins ou les restaurants qui pourraient nécessiter des « billets ». Il faisait beau et la majeure partie de mon sommeil s'est déroulée dans le même genre de coins extérieurs calmes que ceux que recherche le « vagabond » américain lorsqu'il traverse le continent. La seule différence était que c'était plutôt plus sûr en Allemagne, et souvent, alors qu'aux États-Unis, j'aurais été accueilli par un gourdin de policier sur la semelle de mes bottes, j'ai vu, du coin de l'œil, le « bras de la loi » se pavane sans un regard vers le machiniste fatigué, sa clé à molette à côté de lui, somnolant sous un arbre dans un parc ou au bord de la route. J'ai pris une demi-douzaine de bons repas chez des paysans bienveillants, et un soir, il pleuvait et j'étais assez épuisé, j'ai accepté l'offre d'un lit dans une ferme dont le propriétaire avait un fils qui avait un enfant. un ranch de moutons dans le Montana, près de Miles City, un endroit où j'avais dirigé une entreprise de battage une saison. Il a dit qu'il était vraiment désolé que le garçon n'ait pas été aussi intelligent que moi pour échapper aux « Anglais » et rentrer chez lui pour aider la Patrie. C'était un bon vieux bonhomme, et j'ai bricolé sa tondeuse et mis une nouvelle valve dans sa pompe qui fuyait pour régler mon compte. Il y a eu un certain nombre de petits incidents de ce genre, et la simple gentillesse des vieux paysans que j'ai rencontrés – pour la plupart des pères, des mères et des épouses avec des fils ou des maris à la guerre – était responsable du fait que je ne me sentais pas aussi durement contre Les Huns en général quand j'ai quitté leur pays comme quand j'y suis entré. Pourtant, je sais très bien qu'ils m'ont bien traité uniquement parce qu'ils pensaient que j'étais l'un des leurs, et qu'ils m'auraient probablement livré à une foule pour me mettre en pièces s'ils avaient soupçonné un instant ce que j'étais réellement. .

J'entrai en Belgique sur les poutres de freinage d'un cargo rapide qui, à la façon dont il semblait avoir la priorité sur les passagers, me fit conclure qu'il transportait des munitions dont le front avait un besoin urgent. Il a été ralenti dans une sorte d'embouteillage à un carrefour lorsque je suis monté à bord, mais lorsque je l'ai quitté - alors que je pensais être aussi loin en Belgique que je voulais aller - il atteignait une vitesse animée de trente milles à l'heure. ou plus, et toute ma pratique du jeu n'a pas pu me sauver d'un mauvais lancer. Heureusement, je me suis dégagé des liens ; et comme le remblai était de terre molle, avec un fossé plein d'eau au fond, je n'étais pas bien plus mal d'une chute qui m'aurait fait dix fois la cervelle sur la plupart des lignes américaines.

Sur la façon dont je suis sorti de Belgique en Hollande, et finalement en Angleterre, il ne me suffirait pas d'écrire quoi que ce soit à ce moment-là, sinon de dire que cela était entièrement dû à l'aide que j'ai reçue des Belges eux-mêmes. L'un des chapitres les plus intéressants de la guerre sera celui - qui ne sera publié que lorsque tout sera fini - qui raconte comment les patriotes belges en Belgique non seulement restèrent en contact les uns avec les autres pendant l'occupation allemande, mais s'arrangeèrent également pour envoyer des nouvelles - et même aller et venir eux-mêmes – vers le monde extérieur. Même la « clôture électrique » le long de la frontière hollandaise ne les terrorise pas, et je ne dévoile aucun secret lorsque je dis qu'il y a plus de moyens de passer en toute sécurité sous ou par-dessus cette clôture qu'il n'y a de fils à l'intérieur. Cela ne me fera probablement pas de mal de dire que *j'ai* franchi cette barrière sur un petit escalier pliant très intelligemment conçu qui, lorsqu'il n'était pas utilisé, était caché sous un carré de gazon mais à quelques mètres de la clôture elle-même. Le vieux sentinelle allemand qui l'avait diffusé pour moi – il avait, bien sûr, été généreusement soudoyé et avait probablement des « arrangements de travail » réguliers avec mes amis belges – m'a confié en me séparant que, alors qu'il avait accumulé assez d'argent pour garder confortablement le reste de sa vie en Hollande, il avait l'intention de monter lui-même ce petit escalier et de ne jamais revenir en arrière. Je me suis souvent demandé combien d'autres Allemands ressentaient la même chose à l'idée de quitter « le navire en perdition ».

LE SOLDAT CHANT

je

Il y avait quelque chose d'un peu inquiétant dans la chaleur maussade de l'air doux qui remuait au pied des imposantes falaises de la Marmolada, où j'ai pris le *teleferica* ; et les aigrettes de neige poussées par le vent au bord du col où la ligne de câble se terminait sous le vent d'un rocher juste sous les tranchées italiennes de première ligne en signalaient la raison. L'avant-garde d'un de ces non-conformistes irresponsables des tempêtes de montagne qui aiment tant s'agiter et profiter du beau temps pour attaquer par surprise les avant-postes de l'horizon alpin se faufilait du côté autrichien ; et quelque part là-haut, là où le câble ténu du *téléférique* s'affinait et se fondait dans la masse amorphe de la falaise derrière, ma petite voiture allait y rentrer dedans.

«En tout cas, une bonne dizaine de minutes pour me blottir», me suis-je dit. Et à la manière du capitaine des mers du Sud qui raccourcit les voiles et ferme les écoutilles avec son œil météo sur la rafale rugissant du vent, j'ai replié les extrémités libres des couvertures autour de mes pieds, j'ai enroulé le haut col de fourrure de mon Manteau *Alpinio* et j'ai boutonné la languette sur mon nez.

Mais les choses évoluaient plus vite que je ne l'avais prévu. Alors que le petit panier métallique glissait hors de la brèche dans la galerie de quarante pieds qui avait empiété sur son emprise aérienne là où les câbles de support franchissaient un rocher en saillie, je vis qu'il ne s'agissait pas seulement d'un terrain découvert et au-dessus. une attaque frontale avec laquelle je devais compter, mais aussi un mouvement de flanc astucieusement planifié, tout à fait en accord avec le fait que l'ensemble, serrure, crosse et canon, était un produit « Made in Austria ». De petits traits de neige soufflés, poussés rapidement, qui s'efforçaient d'empêcher leurs panaches de s'élever au-dessus des pinacles rocheux qui les abritaient, se tortillaient entre les petits pics des deux côtés du col et glissaient pour se lancer dans une attaque de flanc le long du rétrécissement. vallée parcourue par le *teleferica* et le sentier en zigzag jusqu'aux positions italiennes. Alors même que je regardais, l'un d'eux s'est mis en position pour frapper, et directement au-dessus de la calotte glaciaire recouvrant le sommet d'une falaise, a projeté un coin aux lignes épurées d'une blancheur palpable et solide.

Un instant, mon visage fut baigné par le courant d'air humide venant de la basse vallée boisée, où les doigts chauds du dégel appuyaient étroitement sur les gâchettes chevelues des avalanches prêtes à être déclenchées ; l'instant d'après, j'étais haletant dans une explosion de glaciation arctique alors que les pointes des aiguilles à glace soufflées picotaient dans mes poumons protestataires avec la piqûre du champagne hâtivement avalé. À travers mes cils cerclés de givre, j'eus juste le temps de voir une vingtaine de flèches semblables surgir et descendre en charge dans le fond de la vallée, avant que le front principal de la tempête ne vienne rugir et que les hauteurs et les creux soient masqués par des voiles bruissants de lumière. blanc translucide. En l'espace de quelques secondes, un amphithéâtre de sommets vertigineux recouverts d'une voûte de ciel d'un violet profond s'était transformé en un gouffre de rafales de souffles de neige tournoyants.

Mon petit panier métallique basculait avec vertige sur le côté lorsque la première rafale y pénétrait, pour revenir rapidement en arrière, à la manière d'un pendule, lorsque le tampon d'air fut miné par une contre-rafale et tomba ; mais la roue profondément rainurée n'était jamais près de sauter du câble de support, et le battement régulier du moteur lointain descendant le fil de traction ressemblait à une gentille tape de main de réconfort.

« Bon vieux *téléphérique* ! » J'ai dit à mi-voix, en me soulevant sur un coude et en regardant par-dessus le côté : « vous êtes aussi confortable et sûr qu'un ascenseur et aussi excitant qu'un avion . Mais, comme l'image d'une ligne de fourmis que j'avais remarquée gravissant péniblement la pente enneigée quelques instants auparavant, m'est venue à l'esprit, qu'arrive -t-il à un homme debout, à un homme qui n'est pas tiré d'affaire pour sortir du pétrin ? par un moteur au bout d'un joli câble solide – quand il est pris dans un tourbillon comme celui-là ? Que doit-il arriver à ces pauvres Alpini ? Que peuvent-ils faire ?

Et avant même que l'insistance tenace de la brise chaude venant de la basse vallée n'ait freiné l'impétuosité de l'envahisseur et ne l'ait détourné, captif rampant, pour amorcer les avalanches avec ce qui restait de ses forces, j'avais ma réponse ; car c'est alors que les draperies fantomatiques des rafales de vent chargées de neige masquaient encore la pente glacée en contrebas que, par un de ces étranges trucs acoustiques si communs parmi les hauts sommets des montagnes, les notes de flûte d'un homme chantant d'une voix claire le ténor flottait jusqu'aux oreilles que je détachais juste d'un collier de fourrure :—

« Fratelli d'Itali , l'Italia , s'è desta ;

L' elme de Scipion s'è Cinta la testa !

C'était l' Inno di Mameli , la Chanson de 1848, la Marseillaise des Italiens. Je l' ai reconnu instantanément, car, une heure auparavant, mes hôtes, lors d'un déjeuner au mess des officiers en contrebas, l'avaient joué sur le gramophone. Clairs et argentés, comme des pièces de monnaie fraîchement frappées rendues vocales, les mots émouvants s'envolaient dans l'air palpitant jusqu'à ce que la « goulotte sonore » par laquelle ils avaient trouvé leur chemin soit brisée par les courants tourbillonnants de la tempête mourante. Mais je savais que les Alpini chantaient encore, qu'ils chantaient tout le temps, en fait, et quand la dernière des averses de neige fut finalement lavée par le vent chaud, ils étaient là, exactement comme je m'y attendais. retrouvez-les, se pressant d'avant en arrière sous leurs fardeaux de boîtes de soupe, de bouteilles de vin, de bois de poêle, de couvertures, de munitions et des mille et une autres choses qui doivent passer le long de la ligne de vie d'un corps de soldats tenant une montagne. passer au milieu de l'hiver.

II

Cela s'est produit, par hasard, au cours d'un de mes premiers jours sur le front alpin, et l'incident d'hommes chantant dans un blizzard presque assez fort pour les balayer de leurs pieds ne m'a pas peu impressionné à ce moment-là. C'était ma première expérience du genre. Une semaine plus tard, j'aurais trouvé tout aussi étonnant d'avoir rencontré, quelles que soient les conditions, un Alpino qui ne chantait *pas* ; car pour lui – pour tous les soldats italiens en fait – le chant constitue le principal canal d'expression extérieure de l'esprit qui est en lui. Et quel esprit ! Il chante en travaillant, il chante en jouant, il chante en combattant, et — on raconte souvent comment tel ou tel camarade a été vu tomber avec une chanson aux lèvres — il chante en mourant. Il s'apaise par le chant, il se séduit par le chant, il se stabilise par le chant, il s'exalte par le chant. Ce n'est pas une chanson comme la connaissent les Allemands, ce n'est pas le lourd chœur de marche que la garde prussienne tonne sur ordre de la même manière qu'elle bat au pas de l'oie ; mais plutôt un simple éclat de chant aussi naturel et spontané que le salut de l'alouette au soleil levant.

La discipline, quelle qu'elle soit, est plus ou moins ennuyeuse pour le fougueux Alpino , mais il parvient à s'y conformer avec une assez bonne volonté tant qu'il lui est clair que les exigences militaires l'exigent réellement. Mais la seule chose qui l'irrite vraiment, c'est l'interdiction de chanter. Ceci est, bien sûr, tout à fait impératif lorsqu'il est en reconnaissance ou en patrouille, ou engagé dans l'une des attaques surprises incessantes qui constituent une caractéristique si importante de la guerre alpine. Il avait l'habitude de chanter en grimpant dans ces jours lointains où il escaladait les montagnes par amour de l'aventure ; et, d'une manière ou d'une autre, une sorte d'action réflexe semble s'être établie entre les jambes et les cordes vocales , ce qui rend extrêmement gênant le travail de l'une sans l'autre. Si l'on pouvait dire la vérité, en effet, il est probable que bon nombre de *coups de main à moitié consommés* auraient été presque gâchés par un joyeux éclat de « mélodie non préméditée » de la part d'un Alpino fougueux qui a succombé à la force de l'habitude. .

J'ai été témoin d'un incident plutôt amusant qui illustre la difficulté qu'éprouve même l'officier d' Alpini à se refuser l'expression vocale, non seulement lorsque cela est strictement contraire aux règlements, mais même dans les occasions où, par instinct et par expérience, il sait que " se mettre à chanter » est vraiment dangereux. Il s'agissait du passage d'un certain point exposé du Cadore à une époque où il y avait tout lieu de craindre de fortes avalanches. Votre véritable Alpino a un immense respect pour la glissade sur neige, mais n'a pas peur. Il a - surtout depuis la guerre - affronté la mort sous trop de formes vraiment désagréables pour avoir la moindre crainte de ce qui doit lui paraître la fin la plus grandiose et la plus inspirante du lot - la seule fin sur laquelle on pourrait compter sur lui pour la choisir si jamais le La question des alternatives était en jeu. En matière d'avalanche, comme en bien d'autres choses, il est assez fataliste. Si un certain *valanga* lui est destiné, à quoi bon essayer de l'éviter ? Si cela ne lui est pas destiné, à quoi bon prendre des précautions ? Toutes les précautions seront vaines contre *votre* avalanche ; tous seront superflus en ce qui concerne ceux qui *ne sont pas* pour vous.

Il est probable, cependant, que cette philosophie orientale réconfortante n'ait pas été prise en compte par l'état-major italien lorsqu'il a établi ses plans pour minimiser les pertes inutiles ; et ainsi, entre autres avertissements de précaution, il fut ordonné que les soldats passant dans certaines sections exposées, désignées par des panneaux portant l'avertissement *Pericoloso di Valanga* , ne devaient pas élever la voix au-dessus du ton de la parole, et, surtout, qu'il ne fallait pas chanter. Ceci n'est bien sûr que raisonnable, car un cri ou une note de chant aigu peuvent déclencher juste les vibrations de l'air nécessaires pour amorcer un mouvement sur les pentes supérieures d'un flanc de montagne qui culminera en projetant un million de tonnes de neige dans toute la basse vallée. L' Alpino a observé la règle du mieux qu'il a pu, — sauvant probablement ainsi quelques-uns de ses effectifs — mais l'effort en est un qui met parfois à rude épreuve sa vaillance presque jusqu'au point de rupture.

À cette occasion, je pense qu'il nous fallait, pour atteindre une position que je désirais particulièrement visiter, grimper en diagonale sur environ trois quarts de mile de la bande d'un des glissements de terrain les plus grands et les plus dangereux du monde. tout le front alpin. Il y avait eu une grande avalanche ici chaque année depuis des temps immémoriaux, généralement précédée d'une plus petite avalanche au début de l'hiver. Le glissement préliminaire s'était déjà produit au moment de ma visite et, comme les premières tempêtes hivernales avaient été les plus violentes depuis des années, les neiges accumulées rendaient l'avalanche majeure presque inévitable dès le premier jour de vent chaud. Malheureusement, ce jour-là était le seul disponible pour ma visite au poste en question. Même si c'était la première semaine de janvier, les avant-toits des maisons du petit village alpin où logeait le colonel avaient ruisselé toute la nuit, et même au petit matin, la neige damée du sentier devenait molle et boueuse lorsque nous avons laissé notre traîneau sur la route principale et sommes partis à pied.

Nous passâmes deux ou trois tronçons délimités par les panneaux « Pericoloso », sans prendre de précautions particulières ; et, même lorsque nous arrivâmes au grand toboggan, le jeune major chargé de mener à bien l'aventure se contenta de nous donner l'ordre de procéder par deux (nous étions quatre), espacés de 300 mètres, en marchant le plus rapidement possible. et ne pas faire de discussions inutiles. C'était tout. Il n'y avait rien de dramatique à ce sujet – seulement quelques instructions simples calculées pour minimiser les risques de « perte totale » au cas où le glissement deviendrait agité. Combien ce jeune officier avait peu à apprendre sur les voies des avalanches, je ne l'ai appris que ce soir-là, lorsque son colonel m'a dit qu'il avait été enterré avec une compagnie ou deux de ses Alpini , peu de temps auparavant, et qu'il avait échappé au sort de la plupart des hommes uniquement parce qu'ils ont été déterrés par son chien.

Le major, accompagné du capitaine du Comando Supremo qui m'accompagnait sur le front, partit en tête, me laissant suivre, au bout de cinq minutes, un jeune lieutenant, un garçon si bouillonnant d'esprits montagnards qu'il avait dansé tout au long du chemin et gazouillé « Rigoletto » jusqu'à la cime des arbres. Même pendant que nous attendions, il entonnait de rapides bribes de chanson, dont chacune se terminait par une gorgée alors qu'il lui traversait l'esprit que le moment était venu de serrer la soupape de sécurité.

Lorsque sa montre-bracelet nous indiqua qu'il était temps de continuer, le garçon plaqua fermement sur sa tête son chapeau en plumes d'aigle, serra la mâchoire, fixa ses yeux sombres sur le sentier devant lui et s'éloigna à grands pas dans l'étroit chemin. passage qui avait été creusé à travers la masse imposante du toboggan. D'après l'expression de son beau jeune visage, on aurait pu imaginer que c'était la menace de cette masse engloutissante de neige qui l'alourdissait, et telle, j'en suis sûr, aurait été ma propre impression si c'était mon premier jour parmi les Alpini . Mais j'avais maintenant suffisamment vu les soldats des montagnes italiennes pour savoir que celui-ci était aussi dédaigneux envers le *valanga* que le *valanga* l'était envers lui : et que le fardeau écrasant qui pesait sur son esprit à ce moment-là n'était que le problème de savoir comment parcourir le prochain kilomètre . de belles pistes aux murs de neige, sans dire au monde, dans un joyeux éclat de chant après l'autre, combien il était merveilleux d'être vivant et jeune, et en grimpant à chaque pas plus près de ces pics de neige scintillants d'où ses camarades avaient chassé l'ennemi tête baissée, mais un peu plus loin. quelques mois auparavant, et d'où, peut-être, ils repartiraient bientôt pour prendre à leur tour la vallée suivante et les sommets au-delà. S'il avait été seul, toboggan ou pas, ordres ou pas d'ordres, il aurait crié sa joie vers les cieux, quoi qu'il arrive ; mais dans l'état actuel des choses, avec un étranger plus ou moins impuissant entre ses bras et à la portée de son officier supérieur, c'était une tout autre affaire.

C'était vraiment très intéressant de parcourir ce *valanga qui s'éveillait*, — ainsi me dit mon capitaine d'escorte lorsque nous le rejoignîmes ainsi que le major sous une falaise abritant l'autre côté — surtout compte tenu de l'occasion que donnait le tracé du sentier pour étudier une croix. -une partie de la forêt qui avait été rabattue par le glissement de la neige. En effet, on m'avait prévenu à l'avance de ce spectacle étrange, et j'avais bien en tête de faire attention à ces pins renversés et froissés. D'ailleurs, il est fort probable que j'ai laissé le coin de l'œil les parcourir d'une manière en quelque sorte superficielle ; mais il n'en reste pas moins que le seul souvenir marquant que j'ai de ce tas de neige hérissé de mille mètres de large est celui des épaules voûtées et du visage comique de mon jeune guide, tels qu'ils me l'ont révélé lorsqu'il doublait les zigzags du sentier tortueux. qui l'a pénétré.

Maintes et maintes fois, alors que ses yeux se dirigeaient vers l'endroit où les particules de lumière jaunes descendaient à travers la cime des arbres jusqu'à la calotte enneigée au sommet de la falaise vers laquelle nous travaillions péniblement, j'entendais la reprise rapide de son souffle alors que : involontairement, il l'aspira pour le relâcher dans un cri de joie, seulement – se rappelant à temps – pour l'expulser à nouveau avec un grognement sifflant de dégoût. Pendant les deux ou trois cents derniers mètres, en fredonnant par le nez une petite chanson d'amour plaintive, il trouva un compromis assez inoffensif qui semblait servir l'objectif recherché : relâcher lentement la pression accumulée sans faire sauter la soupape de sécurité. Lorsque nous arrivâmes finalement sur l'étendue intacte de la moraine glaciaire au-dessus, il déchaîna sa joie refoulée dans un éclat d'exultation sauvage qui dut envoyer ses échos bondissants jusqu'au sommet solitaire du *massif* encore aux mains du glisser les Autrichiens.

Cet après-midi-là, par hasard, le *téléférique* qui se dirigeait vers le sommet, après avoir dépassé le capitaine et moi-même en toute sécurité, se mit en grève alors que le panier contenant le jeune lieutenant n'en était encore qu'à la première étape de sa longue exploration, et il avait toute l'occasion pour rattraper, vocalement, le temps perdu. Il fallut une heure avant que le câble ne refonctionne à nouveau normalement, et il était alors temps, et plus que temps, pour nous de descendre si nous voulions atteindre la basse vallée avant la nuit. J'ai trouvé mon jeune ami gazouillant allègrement sur la terrasse *du téléférique* lorsque j'ai rampé à l'extrémité inférieure, apparemment pas du tout contrarié par la façon dont son excursion avait été écourtée.

« Qu'as-tu fait pendant que tu étais coincé là-haut dans le panier ? » Je me suis empressé de lui demander ; car être bloqué à mi-chemin sur un câble *téléphérique* à tout moment de l'hiver est une expérience qui pourrait bien se transformer en quelque chose de sérieux. J'avais déjà entendu des récits – à la manière tranquille et terre-à-terre d'Alpini – sur les prouesses acrobatiques aériennes étonnantes qui avaient été accomplies pour effectuer des sauvetages dans de tels cas, et, une ou deux fois, de sinistres allusions aux conséquences tragiques lorsque la tentative de sauvetage avait eu lieu. les sauvetages avaient échoué.

"Oh, j'ai juste chanté pendant un moment", fut la réponse riante en italien ; "Et puis, quand il a commencé à faire froid là-haut, je me suis laissé tomber sur la neige et j'ai glissé ici pour me réchauffer."

Je n'ai pas encore pu savoir jusqu'où il devait descendre avant de heurter la neige ; mais, quelle que soit la distance, je suis parfaitement sûr qu'il a continué à chanter jusqu'au bout.

III

Pour les esprits des Alpini , le chant est un baromètre ; en ce qui concerne leur santé, un thermomètre. Un officier expérimenté jugera de l'état mental ou physique d'un de ses hommes en notant la façon dont il chante ou s'abstient de chanter, tout comme un homme détermine l'état de son chien en tâtant son nez pour voir s'il fait chaud ou froid. Je me souviens d'être resté une demi-heure au sommet balayé par le vent d'un haut col du Trentin avec un distingué major-général qui m'avait emmené cet après-midi-là dans son petit moteur d'escalade pour me donner une idée de la façon dont était la route d'hiver. resté à l'écart dans une tempête de neige. Le vent soufflait dans l'entaille du col à cinquante milles à l'heure ; l'air était raide à cause des chutes de neige et des dérives ; et c'est à travers les trous rétrécis de nos *capuchos* que nous regardions défiler un bataillon qui se dirigeait des tranchées du front vers les plaines pour un moment de repos dans des cantonnements. Les sacs et les manteaux étaient recouverts d'une croûte d'un pouce d'épaisseur de neige gelée, les sourcils étaient givrés, les barbes et les moustaches étaient glacées ; mais, homme après homme (même si parfois, lorsqu'un souffle de vent avalait le son, on ne pouvait le deviner qu'au mouvement rythmique des lèvres), ils marchaient en chantant. De temps en temps, lorsque les dérives le permettaient, ils marchaient en chœurs vigoureux par deux ou par trois ; mais pour la plupart, chaque homme gazouillait seul, beaucoup d'entre eux fredonnaient probablement simplement des improvisations, donnant une expression vocale à leurs pensées.

Soudain, le général s'avança et, frappant brusquement avec son Alpenstock la jupe glacée de l'un des manifestants, l'arrêta. Les auréoles bordées de givre bordant les ouvertures plissées des deux capots se rapprochèrent et il y eut un rapide échange de questions et de réponses entre les bouches étouffées par le vent. Puis, avec un avertissement maladroit, le général repoussa l'homme dans la ligne de passe.

« Ce garçon ne chantait pas », rugit-il à mon oreille en réponse à mon regard interrogateur alors qu'il reculait dans la dérive à côté de moi. « Je savais que quelque chose n'allait pas, alors je l'ai arrêté et je lui ai demandé quoi. Il a dit qu'il avait soif, qu'il avait mangé de la neige crue et qu'il avait mal à la gorge. Je lui ai dit que cela lui convenait parfaitement : un Arabe de Tripoli ferait mieux de ne pas manger de la neige.

Trois ou quatre fois encore, dans le quart d'heure qui s'écoula avant que la tempête grandissante ne nous conduisît à l'abri d'un *refuge,* le général arrêta des hommes dont le visage ou l'allure laissait entendre qu'il n'y avait aucune chanson sur leurs lèvres ou dans leur cœur, et à chaque fois il s'est avéré que quelque chose n'allait pas. Un homme a avoué avoir jeté son bandage abdominal en flanelle quelques jours auparavant et avoir développé un cas grave de dysenterie, conséquence tout à fait naturelle du refroidissement qui a suivi ; un autre venait de recevoir un coup de pied d'un mulet qui passait ; et un troisième avait appris ce matin-là que son nouveau-né était mort et que sa mère était dangereusement malade. Les deux premiers ont été repoussés sans ménagement vers ce qui semblait être la prescription réglementaire dans de tels cas : « Vous sert bien pour votre imprudence » ; mais je crus voir une note glissée dans la main du troisième homme tandis que le général la pressait en signe de sympathie et promettait de veiller à ce qu'un congé soit immédiatement arrangé.

Je n'ai pas été moins frappé par l'efficacité de ce nouveau système de diagnostic que par l'exemple éclairant que son fonctionnement présentait de l'attitude paternelle du plus haut officier des Alpini envers le moindre de ses subordonnés.

Mais il n'y a pas que les Alpini dynamiques qui expriment leur âme en chantant. Le soldat italien, quelle que soit la région d'où il vient ou sur quel secteur du front il est stationné, ne peut pas plus travailler ou se battre sans chanter que sans manger. En effet, une chanson populaire que l'on entend tout au long du front raconte comment, pour une raison ou une autre, l'ordre fut donné à l'armée de ne plus chanter dans les tranchées, et comment un soldat, protestant auprès de son officier, s'écria : « Mais, capitaine, si je ne peux pas chanter , je mourrai de tristesse ; et il vaut sûrement mieux que je meure en combattant l'ennemi plutôt que d'expirer le cœur brisé !

Bien des matins d'hiver pluvieux, passant devant les charrettes siciliennes peintes qui constituent un élément si important du transport italien sur les collines accidentées du front de l'Isonzo, j'ai remarqué avec étonnement que les conducteurs étaient de loin plus susceptibles de chanter que de jurer. chez les mulets. À celui qui a conduit des mules, ou même qui a vécu dans un pays où l'on conduit des mules, je n'aurai pas besoin d'avancer d'autres preuves de l'amour du soldat sicilien pour le chant.

Et sur ce plateau pierreux du Carso, déchiré par les tranchées, où les hommes vivent dans des cavernes sous terre et où les pertes sont multipliées par deux ou trois par les fragments de roche brisés par les explosifs ; même là, sur ce front de bataille le plus meurtrier et le plus repoussant d'Armageddon, les mélodies chantantes du sud ensoleillé de l'Italie, ponctuées, mais jamais interrompues longtemps, par le cri et la détonation des obus autrichiens, se font entendre de toutes parts.

Il y avait un trio de casse-pierres joyeux qui m'ont fourni l'une des impressions les plus sombres et amusantes de ma visite. C'était vers la fin décembre, et le capitaine P..., le jeune officier infatigable qui me commandait, m'arrangea un cadeau spécial sous la forme d'une visite à un magnifique poste d'observation au bord d'une colline que les Italiens avaient occupé. arraché aux Autrichiens lors d'une de leurs dernières avancées. Nous avons parcouru quelques kilomètres de ce champ de bataille ravagé par les obus et encore non nettoyé, et avons déjeuné de sandwichs sur le parapet d'une tranchée d'où l'on pouvait suivre, avec seulement quelques pauses, le tracé des lignes autrichiennes dans les collines. au-delà de Gorizia, où ils se fondirent dans les marais bordant la mer.

« Il n'y a qu'une seule objection à ce point d'observation », remarqua le capitaine en dirigeant son télescope vers la frange inférieure des nuages qui pendaient bas sur les collines opposées. « À moins que le temps ne soit assez épais, on est là-bas sous l'observation directe des Autrichiens pendant près d'une heure, à l'aller comme au retour. Il ne serait guère agréable de monter ici si la visibilité était vraiment bonne.

Et à ce moment psychologique, les nuages commencèrent à se dissiper, le soleil apparut et, profitant du premier beau temps de tir qui s'offrait depuis longtemps, l'artillerie des deux camps se lança dans un entraînement aussi animé que n'importe quel autre. un individu vraiment sobre aurait envie d'être mêlé à cela. J'ai vu des intervalles plus calmes sur la Somme, même à une époque où l'attaque était fortement poussée. Un imposant « 305 », qui a plongé et effacé un sommet épineux de la crête quelques centaines de mètres plus loin, a également balayé une grande partie du zeste du panorama de plus en plus net et a signalé : « Il est temps d'y aller ! Un obus explosif de gros calibre est une chose bien plus redoutable lorsqu'il déchire un cratère dans la roche du Carso que lorsqu'il jette la boue molle de France.

Les travaux se poursuivaient encore dans les *dolinas* ou « dolines » à moitié abritées qui marquaient le plateau macabre ; mais sur les restes d'un chemin charretier que nous suivions et qui paraissait être l'objet spécial du détournement des Autrichiens, il ne semblait y avoir personne en vue, sauf quelques individus épars activement occupés à se cacher. C'était un exemple éclairant de la façon dont la plupart des « indigènes » semblaient ressentir la situation, et nous ne nous promenâmes pas plus tranquillement après en avoir profité.

Nous contournâmes le corps déchiré d'un cheval qui fumait encore de la chaleur mourante de la chair inerte, et un peu plus loin, il y avait une flaque rouge au milieu de la route, un trou d'obus noir et fumant paresseusement tout près d'elle. , avec un monticule frais de gazon et de fragments de roche juste au-delà. Un marteau et un casque de tranchée bosselé indiquaient que l'homme était en train de casser des pierres pour la route lorsque *le sien* est arrivé.

"On pourrait imaginer qu'ils ont déjà assez de pierres brisées par ici", observa sèchement le capitaine P..., jetant un coup d'œil par-dessus son épaule vers l'endroit où une nouvelle volée d'obus éclatants faisait ressembler l'horizon du mur de pierre derrière nous à un haie de panaches de pampas par vent fort. « J'espère que le reste de ces pauvres gars se sont mis dans leurs trous. Une petite dose comme celle que nous recevons ici n'est qu'un bon apéritif ; s'en tenir à un régime régulier est une tout autre affaire.

Une demi-minute plus tard, nous avons contourné un virage dans le mur de pierre que nous avions serré dans nos bras, pour tomber sur ce que j'ai toujours considéré depuis comme le Chœur de l'Enclume - trois hommes craquant la roche pour en faire du métal à la surface d'un trou d'obus récemment rempli dans le route et chantant une chanson vigoureuse sur laquelle ils cadraient avec les coups rythmés de leurs marteaux. Ce qui aurait pu être la cargaison larguée à la hâte d'une demi-douzaine de camions à moteur, qui avaient marché là-haut sous le couvert de l'obscurité, avait été jetée en tas sur un côté de la route - plusieurs centaines de bombes de tranchée, contenant parmi elles suffisamment d'explosifs pour soulever tout le flanc de la montagne dans la vallée si un obus tombait par hasard en leur milieu. Deux de ces petites « victoires ailées » trapues que quelques chanteurs s'étaient appropriées comme tabourets de travail. Le troisième d'entre eux était assis sur les restes d'un « raté 305 », provenant d'une large fissure dans laquelle un minuscule jet d'explosif puissant dissous par la pluie coulait pour former une joyeuse mare de safran autour de ses pieds. Celui-ci était tête nue, son casque de tranchée, rempli de noix et de figues séchées, provenant manifestement d'un paquet de Noël, étendu sur le sol à la portée des trois hommes.

Le rugissement aigu de l'artillerie italienne qui s'accélérait, les grondements plus profonds des obus autrichiens qui explosaient et le crescendo semblable à une sirène des projectiles volants remplissaient tellement l'air que ce n'était que lorsqu'on se trouvait presque en face du joyeux trio qu'il pouvait attraper le swing fascinant du refrain répété.

« Une belle chanson sur laquelle danser, ça ! » remarqua le capitaine P... en s'arrêtant et en balançant ses épaules au moment de l'air. "On peut presque *en sentir* le rythme."

"Cela me semble encore meilleur comme chanson sur laquelle marcher", répliquai-je d'un ton significatif, posant mon casque sur ma nuque et adaptant l'action au mot. « C'est sans doute une belle chanson, mais il ne me semble pas tout à fait juste de tenter une bonne Providence en s'attardant près de cette jeune montagne de bombes de tranchées plus longtemps qu'il n'est strictement nécessaire. Si la batterie autrichienne "monte" encore un cran, quelque chose d'autre va se lever ici, et je préférerais de loin descendre à pied dans la vallée plutôt que de monter sur une bombe de tranchée.

Le rugissement de la bataille d'artillerie s'est enflammé et s'est éteint par sortilège, mais le battement régulier du chœur de l'enclume nous a suivis dans le vent pendant quelques minutes après qu'un autre virage dans le mur de pierre nous ait coupé la vue des chanteurs. Combien de fois je me suis demandé lesquels de ce trio insouciant avaient survécu ce jour-là, ou le lendemain, ou celui d'après ; lequel d'entre eux, s'il y en a, bat encore la mesure sur les rochers rouge-brun du Carso au rythme de ce refrain obsédant !

On m'a dit que les blessés sont parfois repérés sur le champ de bataille grâce à leurs chants ; qu'il n'est pas rare qu'ils chantent lorsqu'ils sont transportés sur des civières ou en ambulance. Je n'ai pas eu l'occasion d'observer personnellement des cas de ce genre, mais j'ai entendu à maintes reprises des hommes chanter dans les hôpitaux, et ils n'étaient pas non plus tous des convalescents ou des blessés légers. Je n'oublierai jamais un brave petit garçon dans ce bel hôpital britannique sur le front d'Isonzo, dirigé avec un si remarquable succès par la Croix-Rouge britannique.

Une balle explosive lui avait emporté les quatre doigts de la main droite, laissant derrière elle une infection qui s'était transformée en gangrène gazeuse. Le moignon gonfla jusqu'à devenir une masse hideuse, de la forme et de la taille d'un jambon de dix livres, mais les médecins luttaient contre l'amputation dans l'espoir de sauver le poignet et le pouce, pour avoir quelque chose auquel des membres artificiels pourraient être attachés. La crise était terminée au moment où je suis arrivé à l'hôpital, mais tout le bras était encore si enflammé que le courageux garçon a dû fermer les yeux et serrer les dents pour ne pas crier de douleur tandis que la matrone soulevait le moignon pour me montrer le « belle couleur rouge saine » là où la guérison avait commencé.

La matrone avait quelques « splendides » caisses de tranchées à me montrer plus loin, et celles-ci, ainsi que quelques expériences intéressantes de désinfection par « irrigation », absorbaient mon attention, lorsqu'une sorte de bourdonnement chantant me fit me retourner et regarder. le patient dans le lit derrière moi. C'était encore le garçon de la « gangrène gazeuse ». Nous avions parcouru la rangée suivante jusqu'à nous retrouver de nouveau en face de lui, et dans le quart d'heure qui s'était écoulé, sa nourrice avait posé sur son lit une bassine de désinfectant pour baigner sa blessure. Elle avait alors soulevé le moignon hideusement enflé et s'était précipitée vers son prochain patient. Et il était là, balançant la masse repoussante de chair mortifiée qui faisait encore partie de lui dans le liquide cicatrisant, pendant qu'il chantonnait une petite chanson comme une mère berce son enfant pour l'endormir en chantant une berceuse.

«Il fait toujours ça», dit l'infirmière en s'arrêtant un instant, les mains pleines de bandages. « Il dit que cela l'aide à oublier la douleur. Et il y en a cinq ou six autres : plus ils se sentent mal, plus ils ont tendance à essayer de chanter pour se divertir. Ce grand type là-bas avec la barbe, c'est un pêcheur venu de quelque part dans le Sud, il dit que quand les douleurs lancinantes commencent dans ses pieds gelés, il doit chanter pour ne pas jurer. Il dit qu'il ne veut pas jurer devant la *forestière* si on peut l'aider.

Lors d'un de mes derniers jours sur le front italien, j'ai grimpé jusqu'à un sommet du Trentin détruit par les obus, sous la direction du fils d'un célèbre général, un garçon aux pieds de Mercure qui était aide de camp de la division. commandant de ce secteur. En montant à bord d'un interminable *téléphérique* depuis juste au-dessus d'une des villes à moitié en ruines laissées par les Autrichiens en retraite après leur voyage du printemps dernier, nous avons parcouru quelques kilomètres de sentier escarpé en zigzag, grimpé une centaine de pieds d'échelle et à peu près la même distance. de prises rocheuses, ces dernières au moyen d'une corde nouée et de occasionnelles pointes de fer amicales, pour finalement arriver au sommet, sans rien entre nous et une position autrichienne presque exactement similaire en face, à l'exception d'un demi-mile d'air raréfié. et la statue renversée et piquée d'éclats d'obus d'un saint – érigée sans aucun doute dans des jours plus heureux par les pieux habitants de – comme emblème de paix et de bonne volonté. Un jeune Italien revenu de New York pour combattre pour son pays, chargé d'une sorte d' installation mécanique dans une galerie rocheuse à quelques centaines de pieds sous nos pieds, monta avec nous pour nous servir d'interprète.

Pour celui qui regardait par le creux du coude gainé de plomb de la statue tombée, les ouvertures grossièrement carrées des galeries rocheuses qui abritaient une batterie ennemie semblaient à portée de tir de revolver ; et, en effet, un tireur d'élite Alpino avait fait payer à un artilleur autrichien négligent l'inévitable pénalité de négligence seulement une heure ou deux auparavant. On pouvait faire entendre sa voix sans le moindre effort.

Juste avant de commencer la descente, mon jeune guide a fabriqué un mégaphone avec ses mains, a rejeté la tête en arrière, la poitrine bombée, et, dirigeant sa voix à travers le gouffre apparemment sans fond qui nous séparait de l'ennemi, a chanté quelques mesures de ce que j'avais pris. être un chant de bataille émouvant.

« Quelle est la chanson que chante le capitaine ? » J'ai demandé au jeune originaire de New York, dont la tête disparaissait au bord de la falaise alors qu'il commençait à descendre la corde. "C'est quelque chose de *Guillaume Tell* , n'est-ce pas ?"

Le jeune « Mulberry Street » a creusé dur pour trouver une prise, l'a trouvé, a glissé sa main droite jusqu'à ce qu'elle se ferme sur un nœud confortable au-dessus de sa tête, puis, avec la jambe gauche et le bras gauche balançant librement sur une chute de 200 pieds pour atteindre les terrasses en bas, crièrent en retour :

« Pas sur ta vie, mista . De Capitan , il ne chante aucune chanson. Il vient de raconter l'autruche datta Italia, elle est prête pour lui. Donne tout.

J'ai regardé vers la vallée où des lignes après lignes de tranchées, bordées d'une frange brune et poilue que je savais être des barbelés rouillés, s'étendaient à perte de vue au-dessus des divisions de chaque côté, et où, pour chaque geyser gris-noir de fumée qui marquait l'éclatement d'un obus autrichien, une demi-douzaine de jets de flammes vives, jaillissant de cavernes insoupçonnées à flanc de montagne, indiquaient que le compliment était répondu avec un grand intérêt.

« Oui, l'Italie est prête à les accueillir », pensai-je ; et qu'elle doive tenir ici et là, comme elle le peut, pour se défendre , ou qu'elle avance tout le long de la ligne en attaque triomphante, quoi qu'il en soit, le soldat italien ira au combat avec une chanson sur les lèvres. une chanson qu'aucune balle qui laisse le sang palpiter dans ses veines et le souffle dans ses poumons n'aura le pouvoir d'arrêter.

FAIRE exploser le Castelletto

C'est vers le milieu du mois de juillet dernier que le laconique bulletin italien rapportait en effet que le soufflage du sommet d'une certaine montagne de la région des Dolomites avait été accompli avec un succès complet et qu'une extension considérable de la ligne avait été possible grâce à une conséquence.

C'était à peu près tout ce qu'il y avait à faire, je crois ; et pourtant l'émerveillement engendré par la superbe audace de la chose m'avait hanté dès le début. Il n'y avait aucune suggestion sur la manière dont cela avait été fait, ni même sur la raison pour laquelle cela avait été fait. Tout cela était laissé à l'imagination, et le résultat - dans mon cas du moins - fut l'éveil d'un intérêt brûlant pour les mœurs des guerriers qui avaient l'habitude de se lancer des sommets de montagnes et des fragments de glacier comme plaines quotidiennes. Les soldats de race militaire lancent des grenades à main qui, augmentant plutôt que diminuant au fil des semaines, m'ont finalement poussé à tenter une visite sur le Front alpin austro-italien à une époque de l'année où les conditions météorologiques menaçaient d'être tout sauf, si possible. pas tout à fait, prohibitif.

« Avec vingt-cinq degrés de gel au niveau de la mer en France, observait à Amiens un officier français à qui je confiais le plan, que comptez-vous trouver à 10 000 pieds sur le Tyrol ?

" Un certain nombre de choses qu'ils ne font pas au niveau de la mer en France ou ailleurs, " répondis-je, " mais surtout *pourquoi* ils font sauter les sommets des montagnes, et *comment* ils font sauter les sommets des sommets des montagnes. "

Même à Rome et à Milan (bien que certains prétendaient avoir une relation sociale avec les Titans qui avaient conformé le paysage alpin aux exigences tactiques), ils parlaient encore vaguement de la chose comme de « *fantastique* » et « *d'incroyable* », comme on pourrait appeler les opérations. dans les Montagnes de la Lune.

Mais une fois dans la Zona di Guerra, avec chaque fissure dans la couverture nuageuse qui aime tant étouffer la plaine verdoyante de Venise dans ses plis humides révélant (dans l'imminence imminente de la barrière de neige se dressant contre le cobalt du ciel du nord)) la preuve que la partie « au sommet de la montagne » de l'histoire avait au moins un certain fondement factuel, que la partie « explosée » l'ait ou non, les choses ont pris un aspect différent. Dès mon premier jour au Grand Quartier Général , j'ai rencontré des officiers qui prétendaient avoir vu de leurs propres yeux une montagne dont le sommet avait été arraché ; en effet, ils ont même mentionné les noms de la *montagne mutilati* , m'a montré où ils se trouvaient sur la carte, m'a souligné les avantages stratégiques qui avaient déjà été tirés de leur prise, et ceux qui pourraient en résulter plus tard.

Ils étaient toujours là, m'a-t-on assuré, même si leurs sommets avaient été arrachés. Ils étaient toujours détenus par les Alpini . Deux des plus importants d'entre eux n'étaient pas si loin ; en fait, les deux pourraient être clairement vus de l'endroit où nous étions, si d'autres montagnes plus proches ne se trouvaient pas entre elles et, bien sûr, si les maudits nuages d'orage voulaient seulement se dissiper. Ainsi, enfin, les noms de Castelletto et du Col di Lano prirent une forme plus précise comme quelque chose de plus que des symboles mystiques.

"Mais je ne peux pas aller les voir ?" J'ai demandé. « Vous m'avez dit *pourquoi* vous les avez fait exploser, mais pas *comment* ; et pourtant, c'est précisément ce que j'ai découvert de première main.

Ils secouaient la tête d'un air dubitatif. "Pas tant que ce temps dure", a déclaré l'un d'eux. « Il neige tous les jours dans les Alpes depuis plus d'un mois. Les *valangas* descendent partout, et (même si vous étiez prêt à risquer d'être enterré sous l'un d'eux) les routes par endroits ne seront pas ouvertes pendant des semaines. Vous pourriez attendre ici environ un mois et même alors être déçu en ce qui concerne vos déplacements sur le front alpin. Mieux vaut voir ce que vous pouvez du front Isonzo maintenant et revenir pour les Alpes au printemps.

Cela semblait régler le problème en ce qui concerne la visite du Castelletto et du Col di Lano . Cependant, en ce qui concerne la manière dont ils ont été extraits, un des officiers de l' Ufficio Stampa a déclaré qu'il s'efforcerait de faire en sorte que le rapport Castelletto - qui est de loin le plus important des deux - soit mis à ma disposition, ainsi qu'un ensemble d'informations. de photographies qui avaient été prises pour montrer l'avancement de ce puissant travail.

« Nous n'avons jamais distribué aucune photographie auparavant », a-t-il déclaré, « et seulement des parties du rapport ; mais comme vous êtes venu exprès en Italie pour vous renseigner sur la montagne dont le sommet a été arraché, le Comando Supremo peut être amené à faire une dispense spéciale en votre faveur .

L'autorisation exclusive d'utiliser à la fois le rapport et les photographies m'a été accordée en temps utile, et puisque le premier expose clairement à la fois le « pourquoi » et le « comment » de l'opération sans précédent de Castelletto , il serait peut-être préférable de le résumer d'abord comme un sorte de fond terne pour les détails personnels plus vifs et plus intimes qu'un heureux tour de girouette capricieuse m'a permis d'obtenir plus tard.

La première partie du rapport, rédigée par le colonel commandant le Groupe Alpini , explique clairement pourquoi l'exploitation minière du Castelletto est devenue une *condition sine qua non* pour poursuivre le progrès dans cet important secteur.

« Au mois d'octobre 1915, écrit-il, j'ai été chargé d'effectuer une attaque avec deux bataillons Alpini contre les positions de Castelletto et Forcella . Bois . C'était la quatrième fois, si je ne me trompe, qu'une tentative sur ces positions était faite. Bien que la préparation de l'artillerie pour la journée d'ouverture ait été parfaitement exécutée, j'ai découvert, le soir du 17 octobre, alors que je me dirigeais avec mes troupes vers l'attaque, que son travail n'avait absolument servi à rien.

« Ayant reçu à minuit l'ordre de me rendre à Vervei , où les deux bataillons susnommés devaient participer à une autre opération, je fus contraint d'abandonner l'attaque. Je suis cependant convaincu que je n'aurais pas réussi à capturer la position de Castelletto .

«Comme on le sait», poursuit le rapport, «de Castelletto est une sorte d'éperon de la Tofana (environ 12 000 pieds de haut), avec un balcon en forme de fer à cheval et une périphérie constituée de nombreux pics déchiquetés. A l'arrière du balcon et à l'intérieur de cet éperon rocheux, l'ennemi avait creusé de nombreuses cavernes dans lesquelles mitrailleuses et pièces d'artillerie légère, manœuvrées par des équipages isolés mais compétents, fournissaient une position de défense invisible et presque imprenable, donnant une extraordinaire position de défense . confiance et encouragements aux petites forces qui les occupent.

« La vallée de Costeana se trouvait donc à la merci de l'offensive ennemie et était effectivement coupée en deux. A partir de Vervei , tous les mouvements de troupes ne durent s'effectuer que de nuit et avec beaucoup de difficulté. La conquête du Castelletto était rendue nécessaire non seulement pour des raisons tactiques, mais aussi pour des raisons morales, puisque nos troupes en sont venues à considérer comme absolument impératif de surmonter un tel obstacle. Après avoir complété mes observations et mes recherches sur la position de Castelletto , j'arrivai à la conclusion que le seul moyen d'en déloger l'ennemi était de la faire sauter.

« Le 19 novembre, j'ai officiellement présenté mon plan au quartier général et, vers la mi-décembre, j'ai été autorisé à le tenter. Cette entreprise inhabituelle était des plus difficiles, non seulement en raison de son ampleur, mais aussi en raison des conditions particulièrement défavorables de la saison hivernale. Ayant préparé le matériel nécessaire aux travaux de construction et d'excavation, j'ai commencé, le 3 janvier 1916, à fortifier la position (tout à fait non protégée à l'époque) à partir de laquelle nous devions travailler, et à achever la construction des bâtiments nécessaires.

« Le sous-lieutenant Malvezzi, dans son rapport sur le sujet, décrit de manière concise et modeste l'évolution des travaux. La réussite de l'entreprise, considérée par beaucoup comme chimérique, est due non seulement à la capacité technique du lieutenant Malvezzi et du lieutenant Tissi , son assistant, mais aussi à leurs qualifications militaires particulières ; aussi au courage et à la bonne volonté des Alpini qui, en très peu de temps, devinrent un *personnel* composé de mineurs compétents et de mécaniciens habiles.

« Les vicissitudes de plus de six mois de travail, à quelques mètres seulement de l'ennemi, et sous un feu d'artillerie incessant et des bombardements de *bombardas* , pourraient bien faire l'objet d'un livre consacré à l'étude du caractère. Bien que pleinement conscients des dangers qui en découlent, y compris ceux des chutes de pierres dues aux contre-mines de l'ennemi, les Alpini du Castelletto , pendant plus de six mois, ont fait preuve d' une bravoure brillante et d'une persévérance sans faille. Ils étaient toujours calmes et animés uniquement par l'esprit du devoir.

« En transmettant à Votre Excellence la copie ci-jointe du rapport rédigé exclusivement par le lieutenant Malvezzi (le lieutenant Tissi est actuellement blessé à l'hôpital), je désire vous recommander ces deux officiers (tous deux d'excellents ingénieurs et de valeureux soldats) , ainsi que les Alpini qui coopéraient avec eux. Sans aucune exagération, je considère leur réalisation comme absolument merveilleuse , tant par les grandes difficultés techniques surmontées que par les résultats militaires obtenus. Les officiers autrichiens faits prisonniers confirment unanimement que ce n'est qu'en faisant sauter une mine que les Italiens auraient pu prendre cette position si importante pour l'ennemi.

Le rapport annexé du lieutenant Malvezzi lançait d'emblée le « comment » de la tâche titanesque qui lui était assignée.

« Le 3 janvier 1916, écrit-il, furent commencés les travaux aux abords de Castelletto , sur le versant de Tofana di Roches, nivelant le sol et permettant la construction de logements pour les officiers et les troupes. Ces travaux ont nécessité le découpage de 660 mètres cubes de roche. Ensuite, la construction des quartiers et leur dissimulation furent rapidement accomplis. Enfin, à ce poste était stationné le Détachement de Castelletto , communément appelé « TK », composé du *personnel nécessaire* au travail et à la défense de la position.

« Notre premier travail consistait à examiner et à révéler les lignes de communication ennemies du côté de Castelletto et de Tofana , et à acquérir une connaissance complète et détaillée de leur position. Pour ce faire, des points d'observation ont été établis qui ont permis de réaliser de telles investigations et de réaliser des croquis topographiques de la zone. Comme nous étions toujours à proximité de l' ennemi, ce fut un travail long et fatigant. Au bout d'un mois, nous parvenons cependant à construire une série de positions à faible distance de celles de l'ennemi (de 50 à 150 mètres). Ceux-ci étaient munis de câbles et d'échelles de corde pour nous permettre d'étudier plus rapidement et plus facilement (de tous les points d'observation possibles) les positions de l'ennemi et le développement de ses ouvrages.

« Le travail topographique a commencé en prenant comme plan une base métrique de 116 mètres de terrain sur une table à quatre triangles, méthode qui a permis de réaliser tous les autres dessins à partir de celle-ci. En nous basant sur ce tableau, nous avons pu dresser une série de points des positions ennemies. Grâce à la méthode des intersections successives, nous avons ainsi obtenu tous les points qui nous intéressent, en termes de direction, de distance et de hauteur.

« En plus de ce travail, exécuté avec le plus grand soin et la plus grande précision, nous avons réalisé deux dessins indépendants des positions ennemies par des méthodes plus simples mais moins exactes. La première a été réalisée avec un compas topographique et un niveau Abney ; l'autre avec un champ-carré Monticole . De cette manière, nous avons obtenu d'excellents contrôles sur le système de base et avons ainsi fondé notre travail entièrement sur la table trigonométrique et sur les dessins par intersections.

« De la mi-février à la fin mars, les outils utilisés pour percer étaient uniquement des maillets et des ciseaux. Notre progression était nécessairement lente, mais elle suffisait dans ce temps pour nous laisser, outre 14 mètres de tunnel, de la place pour installer les machines à perforer. Fin mars, malgré de fortes tempêtes de neige, les machines, dont certaines pièces pesaient entre 500 et 600 kilos, ont été installées pour commencer les travaux. Tout cela a été évoqué à la main et sans incident.

« Les travaux mécaniques ont commencé le 2 avril. Nous avons utilisé deux installations comme suit :

«(1) Un groupe complet de benzo-compresseurs, composé d'un moteur au kérosène de 30 à 40 chevaux ajusté à un compresseur Sullivan au moyen d'une courroie. Cette machinerie a été installée, sur une solide base de ciment, au début du tunnel, dans un espace de 5 × 8 mètres creusé à cet effet dans le flanc de la montagne.

« (2) Un compresseur Ingersoll monté sur un camion à quatre roues.

« Les deux machines étaient de fabrication américaine et donnaient à tout moment entière satisfaction. Chacun comprimait l'air jusqu'à une densité d'environ sept atmosphères, l'injectant dans une chambre à air, d'où, au moyen d'un tube rigide se terminant par un tube en caoutchouc flexible, il était transporté vers les foreuses respectives.

« Quatre équipes travaillaient à la fois, chacune composée d'un contremaître et de 25 à 30 mineurs. Chaque équipe a travaillé six heures sans interruption. Ce déplacement, en apparence léger, s'est révélé au contraire très lourd, dû principalement au développement de gaz nitriques qui empoisonnaient l'air, et aux poussières provoquées par les foreuses.

« Au début, le seul explosif utilisé était la gélatine militaire ; plus tard, dynamite- gélatine . Le système de surcharge des trous a toujours été adopté, afin de réduire les *débris* en particules infimes, plus faciles à transporter et à décharger. Les travaux ont été réalisés par tronçons variant de 1,80 mètres sur 1,80 mètres à 2 mètres sur 2. Les tronçons plats du tunnel ont été posés avec des rails Decauville . Tout le matériel était transporté dans des wagons et déversé dans une trémie déversée dans un grand tuyau. (La décharge s'est accumulée à un point hors de portée de l'observation des Autrichiens.) La vitesse moyenne de progression était de 5,10 mètres par jour.

Il serait peut-être bon d'expliquer ici qu'il n'était pas possible de commencer le creusement du tunnel au même niveau auquel la mine devait exploser, mais considérablement plus de 150 pieds en dessous de ce niveau. Le tunnel devait donc être construit sur une forte pente. Il convient de garder à l'esprit un autre point que le rapport ne précise pas, à savoir que le tunnel se divisait au cœur du Castelletto , le forage principal étant conduit jusqu'à l'endroit où la mine devait exploser, tandis qu'une branche plus petite, appelée jusqu'en bas sous le nom de « Tunnel à trous de boucle » – était dirigé jusqu'à un point où une sortie favorable pouvait être obtenue pour charger et occuper le cratère de la mine explosée. Au total, 507 mètres de tunnel ont dû être creusés, ce qui a nécessité l'excavation de 2 200 mètres cubes de roche. Les détails de ces travaux sont donnés dans le rapport comme suit :

(A) Chambre pour compresseur Sullivan : Dimensions : 5 × 8 mètres ; hauteur moyenne 2,20 mètres .

(B) De la première partie de la galerie au deuxième déversement de matériel. Longueur 72 mètres ; inclinaison 38,70 pour cent.; le dénivelé a gagné 25,90 mètres .

(C) Deuxième décharge de matériel, établie afin de libérer de l'espace pour des travaux ultérieurs et de réduire la durée du transport.

(D) Chambre du groupe Ingersoll. Dimensions : 4 × 6·50 mètres ; hauteur moyenne 2 mètres .

(E) Coupe depuis la galerie de la deuxième décharge de matériaux jusqu'au début de la montée vers la chambre minière. Longueur 136 mètres ; inclinaison 4,70 pour cent.; le dénivelé a gagné 6,40 mètres .

(F) Montée à la chambre minière. Longueur 22 mètres ; inclinaison 36,30 pour cent.; le dénivelé a gagné 10,75 mètres . (Cette montée, afin de faciliter le bourrage, a été travaillée en la divisant en trois tronçons de 1 × 1,60 mètres , à angle presque droit.)

(G) Chambre minière. Dimensions : 5 × 5·50 mètres ; hauteur moyenne 2,30 mètres .

(H) Tunnel perforé. Longueur 162 mètres ; inclinaison 60 pour cent.; Le dénivelé a gagné 83,50 mètres dans ce tunnel lui-même, soit un total de 168,50 depuis la deuxième décharge. Ce tunnel (celui par lequel devaient passer les hommes pour l'attaque après l'explosion de la mine) devait être strictement confiné à la strate rocheuse comprise entre la Tofana et le Castelletto ; sa planimétrie apparaît (voir carte), donc plutôt inégale en raison de l'élévation constante du rocher.

(I) Ligne de communication — en partie dans une caverne naturelle — mesurant environ 250 mètres de longueur et donnant accès des quartiers d'hébergement aux travaux.

(J) Tunnel creusé à l'extrême sud du Castelletto , long de 30 mètres , avec deux hublots (de 4 mètres de large chacun) pour deux canons Depfort , avec caverne fermée pour les canons et les munitions.

«Il était initialement prévu de diviser la charge explosive entre deux chambres, chacune ayant une ligne de résistance minière de 20 mètres , avec une charge explosive de 16 tonnes à 92 pour cent. gélatine . Cependant, en raison des travaux de contre-minage effectués par l'ennemi — nous n'étions qu'à quelques mètres d'une de ses positions lors du chargement de la chambre de mine —, nous avons été obligés de confiner l'ensemble de la charge dans une seule chambre.

« L'ennemi, cependant, pour éviter les effets de notre mine sous les sommets du Castelletto , avait transféré la plupart de ses abris du côté de la Tofana et de la Selletta . Cela nécessita une modification considérable de l'emplacement de la mine comme prévu initialement, afin qu'elle puisse agir contre les abris ennemis sur les flancs de Castelletto et de Tofana .

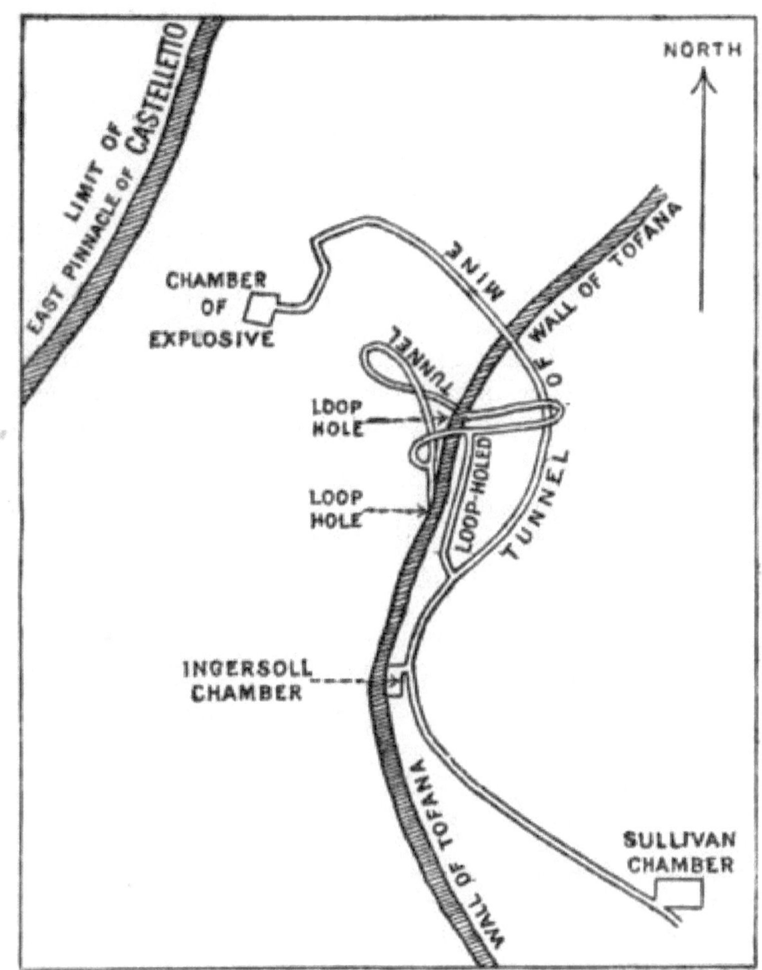

PLAN DE L' EXPLOITATION MINIÈRE DE CASTELLETTO .

Le tunnel en forme de ver sur la gauche a dû être creusé de cette manière afin d'éviter des fissures dans la roche qui auraient révélé ce qui se passait. C'est ce tunnel par lequel devaient passer les Alpini pour occuper le cratère après l'explosion de la mine, mais ce plan a été contrecarré par la présence de gaz provenant de bombes asphyxiantes autrichiennes détonées.

« La charge a été calculée sur la base d'une résistance minimale de 20 mètres , en tenant compte de la nature de la roche (fissurée) et de l'existence de nombreuses fissures et cavernes. Le coefficient de surcharge était donc plutôt élevé. Afin d'obtenir l' effet maximum dans ces conditions, seulement

92 pour cent. de la nitroglycérine explosive a été utilisée. La charge totale était de 35 tonnes.

« La méthode d'amorçage adoptée a été suggérée par le Lieut.-Col. Tatoli , du corps du génie. Celui-ci se composait de cinq groupes d'amorçage, chacun composé de trois tubes de friction. L'un des groupes s'étendait le long de l'axe central de la chambre, tandis que les quatre autres, parallèles au premier, étaient disposés symétriquement face aux quatre coins de la chambre. Chaque tube (1-1/4 pouces de diamètre intérieur sur 4,50 mètres de longueur) était alternativement chargé de gélatine et de coton-pistolet et percé par un fusible détonant à l'acide picrique, se terminant par une cartouche de coton-pistolet avec un capuchon à percussion électrique. Au centre même de la charge, on inséra deux douilles de canon à coton, avec amorce à percussion électrique et mèche détonante, en vue d'assurer un deuxième ressort de la mine qui suivrait le premier.

« Nous avions ainsi en tout dix-sept circuits électriques répartis en trois groupes, chacun formé par les circuits de cinq tubes, reliés aux cinq groupes de tubes à friction. Deux de ces groupes électriques étaient composés de six circuits chacun, en additionnant les deux circuits des caisses susvisées contenant le canon-coton. Chacun de ces groupes électriques se terminait par un exploseur Cantone, placé à environ 4,50 mètres de la chambre de la mine.

« Le compactage a été effectué avec du ciment et des sacs de sable, avec de lourdes poutres en bois entre ces derniers. Il a été rendu plus efficace en le divisant en sections perpendiculaires les unes aux autres. La longueur théorique du bourrage était de 25 mètres .

« Le chargement de la chambre de la mine a commencé le 3 juillet 1916, à 17 heures, et s'est achevé à 15 heures le 9 juillet, ces travaux comprenant le bourrage, l'amorçage et la pose des circuits électriques. Les liaisons définitives entre ces derniers et les exploseurs, au moyen de fils suspendus dans les airs, furent réalisées le 10 juillet. La mine fut déclenchée le 11 juillet à 15h30 et répondit pleinement à nos calculs et à nos attentes.

« (Signé) L. MALVEZZI ,

2e lieutenant. 7e Régiment Alpini .

Une semaine de temps indescriptible s'est écoulée - un intervalle dont j'ai passé les jours parmi les "hommes des cavernes" du Carso, et dont les nuits ont été en grande partie consacrées à percer les mystères du rapport Castelletto avec l'aide de mon italien. dictionnaire — et puis le miracle inattendu s'est produit. La pluie et la neige cessèrent, le ciel s'éclaircit et une série de jours étincelants succéda aux interminables mois de tempêtes et de nuages tombants. Des hautes Alpes on apprenait que l'emprise du gel avait momentanément paralysé les avalanches et que des progrès rapides étaient réalisés dans l'ouverture des routes à la circulation.

« C'est maintenant votre chance de voir le Castelletto », m'ont-ils dit au siège. « Si vous commencez tout de suite, vous devriez pouvoir terminer sans trop de peine ; et, si le temps le permet, vous pourrez peut-être même rentrer sans trop tarder, mais de ce côté-là, vous devrez tenter votre chance. Sans aucun doute, ils parviendront à vous faire sortir d'une manière ou d'une autre, quoi qu'il arrive.

C'est ainsi que, par une matinée radieuse du début janvier, je me suis retrouvé, après quelques jours de conduite intense, à rouler à toute vitesse dans une voiture militaire devant l'ancienne douane et au cœur de ce lieu le plus étrangement grandiose de tous. Régions alpines, Dolomites. Nous étions déjà bien au-delà de ce qui était autrefois un territoire autrichien, et les pinacles brisés qui découpaient l'horizon devant nous étaient, comme l'expliqua mon officier d'escorte, détenus en partie à la fois par les Italiens et par l'ennemi. Alors que nous descendions vers Cortina di Ampezzo - qui, dans ses hôtels touristiques grouillants de design hétéroclite, rivalise avec Saint-Moritz ou Chamonix - le Capt. P——— désigna l'endroit où un mur aux lignes épurées de roche jaune au sommet enneigé se dressait sur le violet profond du ciel occidental.

"Cette haute crête de montagne est le Tofana *massif* », dit-il, « et cette masse en partie isolée de roche de couleur plus claire (couronnée de tours comme une forteresse médiévale) à son extrémité la plus éloignée est ce qui reste du célèbre Castelletto . Elle se trouve à vingt kilomètres ou plus, mais vous pouvez même voir d'ici comment elle domine la vallée et la route, cette dernière étant la célèbre route des Dolomites , qui est également une route d'une grande importance militaire.

« Maintenant, regardez le bout du Castelletto vers le mur de la Tofana . Voyez-vous où il semble avoir été coupé en douceur selon un angle d'environ quarante-cinq degrés ? Eh bien, c'est la partie qu'ils ont laissée tomber en juillet dernier. Jusqu'alors, cette extrémité, comme l'autre, était couronnée d'une haute flèche. Cette flèche, la base d'où elle surgissait, les casernes autrichiennes et les dépôts de munitions , ainsi que les hommes qui y étaient stationnés, tout fut détruit par l'explosion.

« Regardez-le bien pendant que vous en avez l'occasion, car la vue sur l'horizon est meilleure de loin que de près, où nous irons cet après-midi si la voie est libre. Pour voir au mieux l'effet de l'explosion, ajouta-t-il, il faut l'observer depuis les lignes autrichiennes, car c'est l'explosion de l'autre côté de la montagne qui a miné et fait tomber le sommet. Si vous revenez ici au printemps, nous occuperons sans doute là-bas un certain nombre de points d'observation intéressants.

Vu même à une distance d'une douzaine de kilomètres ou plus, l'altération provoquée par l'explosion dans l'horizon n'était pas difficile à imaginer. Il était en effet littéralement vrai – ce que je n'avais jamais réussi à me faire croire jusqu'à ce moment – qu'un sommet de montagne avait été arraché – des centaines de pieds et des milliers de tonnes. Mes yeux restèrent fixés avec une fascination respectueuse sur le profil anormalement uniforme de la blessure jusqu'à ce que notre voiture reniflante dérape dans un virage de la route gelée et que l'épaisse forêt de pins la ferme à la vue.

Ce n'est que lorsqu'après dix milles d'escalade précaire et d'escalade sur la route pavée de glace et aux murs de neige, notre voiture s'est arrêtée au milieu d'un joli petit groupe de bâtiments alpins nichés dans la protection des derniers bois, que le capitaine P... révéla la surprise qui m'avait été préparée.

« Notre hôte ici, dit-il, sera le colonel X..., qui a conçu et dirigé le projet Castelletto , et ce soir, au dîner, vous rencontrerez et pourrez causer aussi longtemps que vous le voudrez avec le lieutenant Malvezzi, qui a réalisé le projet Castelletto. le travail. Il est toujours cantonné ici et se fera un plaisir de vous raconter tout ce qu'il peut sur le génie militaire alpin. Nous lui avons déjà fait savoir que vous étiez venu en Italie exprès pour le voir.

Après un déjeuner précipité, le capitaine P... et moi, accompagnés d'un officier d' Alpini du camp, partîmes pour le Castelletto . Notre puissante voiture militaire, qui, malgré ses pneus antidérapants , avait donné beaucoup de mal sur la glace, a été laissée derrière nous, ainsi qu'une machine plus petite mais au moteur lourd , avec des pointes acérées fixées dessus. les jantes pour adhérer à la surface vitreuse de la route, a été prise pour les quelques kilomètres de cette dernière encore ouverts. L'abandonnant dans un banc de neige à un campement un peu avancé, sous l'imposant mur du Tofana , nous avons pris nos alpenstocks et avons commencé l'ascension de 2 000 pieds jusqu'à la base du Castelletto .

La neige damée sur la pente de trente à quarante degrés devait avoir une profondeur moyenne de dix à vingt pieds sur tout le chemin, tandis que, sur environ un demi-mile à mi-chemin, elle était bosselée en plis froissés là où, quinze jours auparavant, un L'un des plus grands et des plus terribles éboulements jamais connus dans les Alpes s'était abattu sur sa sinistre mission au fond de la vallée. L'histoire complète de cette avalanche ne sera racontée qu'après la guerre.

Légèrement adoucie par le soleil éclatant, la neige donnait une bonne assise ; mais malgré tout, c'était une traction raide jusqu'à la petite caserne entourée de glace et de roche, au pied de la falaise, et j'ai eu une idée du travail titanesque qu'exigeait l'obtention d'armes à feu, de munitions, de machines, de nourriture et de trente-cinq tonnes de matériel. des explosifs puissants là-haut, le tout à la main, par tous les temps, et en grande partie (pour éviter l'observation et les tirs ennemis) la nuit.

Bien entendu, le milieu de l'hiver n'était pas le moment de constater quoi que ce soit des effets réels de la grande explosion, car l'immense cratère déchiré par cette dernière était rempli de neige, et la neige était également responsable de l'effacement complet des innombrables milliers de tonnes. de *débris* qui avaient été précipités sur le flanc de la montagne. Une montée vertigineuse dans l'escalier en forme d'échelle et une escalade rampante à travers cent mètres du tunnel sinueux depuis les chambres rocheuses qui avaient abrité les compresseurs, révélèrent tout ce qui était visible au moment des préparatifs et des conséquences de ce puissant ouvrage. ; mais un coup d'œil depuis le port d'observation d'une certaine caverne à canon astucieusement dissimulée découvrit un panorama qui donna un point éclairant aux dernières paroles de l'officier d'artillerie qui, pointant du doigt le manche chaussé d'un pic à glace , m'expliqua la situation à partir de là. avantage.

« Vous voyez donc , avait-il dit, que le Castelletto, aux mains de l'ennemi, était un mur de pierre qui nous barrait la route ; tandis qu'entre nos mains, il devient un levier qui, chaque fois que nous en aurons réellement besoin, nous ouvrira des positions d'importance vitale. Nous *devions* simplement l'avoir ; et donc nous l'avons pris de la seule façon possible.

« Sans son uniforme Alpini , le lieutenant Malvezzi, lorsque je l'ai rencontré au dîner ce soir-là, aurait très bien pu passer pour le musicien typique du théâtre ou de la romance. Sa peau, ses cheveux et ses yeux étaient sombres, et ses longs doigts nerveux voletaient sur le papier sur lequel il dessinait diverses phases de l' œuvre de Castelletto , un peu comme ceux d'un pianiste voletaient au-dessus de ses touches d'ivoire. Le regard rêveur et lointain de ses yeux évoquait également le musicien, mais que j'avais depuis longtemps reconnu comme également caractéristique de tous les grands ingénieurs, les hommes dont les réalisations tangibles ne sont que le fruit de jours et de nuits de rêve.

« Où dois-je commencer l'histoire ? » » avait-il demandé alors que les convives du mess régimentaire commençaient à se regrouper en petits groupes de trois ou quatre autour d'un café et de cigares ; et je lui avais suggéré de reprendre là où son rapport s'était arrêté. "Cela s'est arrêté au moment où les choses commençaient à se produire", ai-je dit. "Maintenant, raconte ce qui *s'est* passé."

Le Tenente eut un rire évocateur de souvenirs tristes, et un sourire courut parmi ceux des officiers qui avaient entendu et compris mes paroles.

« En ce qui me concerne, répondit-il, cela représente environ cinq minutes d'activité – cinq minutes pour lesquelles nous nous préparions depuis six mois. Vous comprenez que nous avions construit un tunnel secondaire par lequel nos hommes devaient s'engouffrer et occuper le cratère le plus tôt possible après l'explosion.

" *Ecco*. Les hommes étaient tous massés sur et sous la terrasse, et il ne restait plus qu'à établir la liaison avec la mine. J'ai jeté un long regard autour de moi, puis j'ai renversé l'interrupteur électrique fermant le circuit. Tout le monde semblait retenir son souffle en attendant. Une, deux, trois secondes s'écoulèrent dans un silence si intense que j'entendis le « ping » aigu de l'eau coulant du toit de la chambre et frappant la mare qu'elle s'était formée en contrebas.

«Puis, avant qu'aucun autre bruit ne soit audible, la montagne entière a émis une secousse convulsive rapide, suffisamment forte pour faire tomber certains hommes. Un grondement sourd dans la terre s'est accompagné d'un frisson qui a suivi la secousse, mais le véritable rugissement de l'explosion (de l'extérieur) n'a pas été audible pendant une seconde ou deux plus tard. Seuls ceux qui observaient à plusieurs kilomètres de distance ont vu le sommet droit du Castelletto se soulever soudainement, puis sombrer hors de vue dans un nuage de poussière et de fumée.

« Outre l' honneur de tirer la mine, celui de conduire mes hommes dans le cratère m'était également réservé, et dès que j'entendis le rugissement de l' explosion , je leur donnai l'ordre de me suivre dans le tunnel. Eh bien… » Il fit une pause et parcourut de ses yeux rieurs le cercle souriant de ses collègues officiers, « c'est à peu près tout ce que mon témoignage est valable pour quoi que ce soit. Alors que je gravissais les marches glissantes du tunnel, un mur presque solide de fumées étouffantes m'a frappé au visage, et moi - ainsi que tous mes hommes, à l'exception de ceux à proximité ou à l'extérieur du portail - avons toussé sur mon élan.

« La mine a-t-elle explosé à cause du bourrage ? J'ai demandé.

"Pas exactement", répondit-il, son sourire triste devenant presque penaud, comme celui de quelqu'un qui s'est laissé victime d'une farce. « Les Autrichiens disposaient d'un grand stock de bombes asphyxiantes à utiliser contre nous, et celles-ci, explosées par notre mine, déversaient leur méchanceté sur leurs amis et leurs ennemis. Nous n'avons pas pu occuper le cratère pendant vingt-quatre heures.

«Je suis heureux de dire que j'ai passé inconscient ce qui aurait autrement été un intervalle d'anxiété intolérable à l'hôpital. Au moment où j'ai été réanimé, une brise amicale avait suffisamment dilué le gaz pour permettre à nos Alpini de se déplacer dans le cratère et de récolter - malgré le retard - tous les avantages que nous avions espérés à tout moment de l'opération. Notre capture la plus précieuse était le « perforateur » — pratiquement intact — avec lequel les Autrichiens enfonçaient une contre-mine presque terminée directement sous nous.

« La tension nerveuse a dû être assez forte vers la fin, n'est-ce pas ? J'ai demandé; "surtout quand vous saviez que l'ennemi avait enfin localisé définitivement votre travail et se précipitait pour contrer le mien ?"

Le sourire de tristesse fantaisiste disparut du visage sombre et sensible, laissant derrière lui des rides que je n'avais pas remarquées auparavant — des rides qui n'apparaissent sur les jeunes visages qu'après des semaines ou des mois d'anxiété incessante. Les ombres projetées en arrière d'une époque de mémoire terrible se cachaient derrière ses yeux alors qu'il répondait :

"Pendant sept jours et sept nuits avant l'ouverture de la mine, ni moi ni les officiers qui travaillaient avec moi n'avons dormi ni même ne nous sommes reposés du travail."

C'est tout ce qu'il a dit ; mais j'ai vu les yeux — débordants de sympathie — de ses collègues officiers se tourner vers l'endroit où il était assis, et je savais que le temps des interrogatoires légers était révolu. Ce n'est qu'à ce moment-là que j'ai pleinement compris le travail qu'impliquait l'explosion du Castelletto et j'ai hoché la tête avec ferveur aux paroles du capitaine d' Alpini , formé en anglais à côté de moi, lorsqu'il a observé que « le petit » de Malvezzi. L'Ordre de Savoie , c'était bien mérité, hein ?

MERVEILLES DE LA TELEFERICA

« Joliment du bon travail, j'appelle cela, pour un « panier sur une ficelle » », était la manière dont un officier britannique en visite qualifiait un exploit des Italiens au cours duquel - au lieu de toute autre manière de le faire - ils avaient a tiré le bout d'un câble d'un canon à travers une rivière en crue et a ainsi permis d'installer un *téléphérique* pour se précipiter sur des renforts indispensables.

Le nom n'est pas éloquent, mais je n'en connais aucun autre qui décrit si bien le merveilleux dispositif qui a joué un rôle si important en permettant aux Italiens de tenir avec succès leurs trois cents milles et plus de haut front alpin pendant la ils étaient à la guerre pendant les deux premières années. Et à ce propos , il faut bien garder à l'esprit que les Autrichiens n'ont jamais réussi à percer sur le front alpin où, jusqu'à la *débâcle* du Haut Isonzo, les Italiens, sommet après sommet, vallée après vallée, progressaient lentement mais sûrement. repousser l'ennemi tout au long de la ligne. Il ne faut pas non plus oublier que jusqu'à la fin les Alpini ont maîtrisé leur ennemi traditionnel tout au long de ces cent cinquante milles de positions aériennes - des Alpes carniques, en passant par les Dolomites jusqu'au Trentin - qui ont finalement dû être abandonnées seulement parce que leurs arrières étaient menacés par l'avancée austro-allemande le long de la plaine frioulane depuis l'Isonzo. La perte de cette ligne dans ces conditions n'enlève donc rien à l'habileté militaire magnifique et à l'héroïsme grâce auxquels elles ont été conquises et tenues.

La conduite des Italiens dans leur campagne alpine doit rester un classique suprême de la guerre en montagne, quelque chose qui n'a jamais été abordé dans le passé et qui ne sera peut-être jamais égalé à l'avenir. Selon la stratégie d'avant-guerre la plus approuvée, la meilleure façon de défendre les lignes de montagnes consistait à implanter des canons sur les hauteurs commandant les principaux cols et à rendre ainsi impossible à un ennemi leur franchissement. Le fait que ces positions dominantes étaient à leur tour dominées par des positions encore plus élevées, et ces dernières par d'autres, jusqu'à ce que les plus hauts sommets des Alpes soient atteints, était responsable de la lutte pour les positions « d'horizon » que la guerre austro-italienne s'est rapidement résolu.

Ce type de guerre aurait été purement impossible il y a vingt ans, du simple fait qu'il n'existait aucun moyen de transport pratique capable de transporter des hommes, des munitions, des armes à feu et de la nourriture jusqu'à des lignes continues de positions entre dix mille et treize mille pieds au-dessus de la mer. -niveau. La seule chose qui a rendu cet exploit possible a été le développement du tramway aérien, ou teleferica , comme l'appellent les Italiens, qui a fourni des facilités de transport vers des points où le pied de l'homme avait à peine foulé auparavant. Une communication régulière avec les plus hauts sommets aurait été absolument impossible sans cet ingénieux dispositif.

Comme je l'ai dit, la description du « panier sur ficelle » correspond exactement au *teleferica* , car le principe est exactement similaire à celui de l'appareil par lequel les colis sont transportés dans les grands magasins et les usines. Les seuls points qui le différencient le moins des téléphériques aériens à minerai sont le fait que, dans son développement le plus récent et le plus avancé, il est plus léger et plus fiable. Car le tramway à minerai, toujours construit dans une position plus ou moins protégée, n'avait à supporter que le rythme régulier du travail quotidien ; le *teleferica* est non seulement mis en pièces par l'usure quotidienne, mais il est aussi en danger plus ou moins perpétuel d'être détruit par les inondations, le vent et les avalanches, sans parler des tirs de l'artillerie ennemie ou des bombes de ses avions . . Le fait que les Italiens aient mis au point un dispositif plus ou moins résistant aux ravages de ces agents destructeurs est peut-être la meilleure preuve de leur génie en matière d'ingénierie militaire. Rien de plus parfait à sa manière que le *teleferica* n'a été produit par aucun des belligérants.

Théoriquement, un *téléférique* peut avoir n'importe quelle longueur, même si je pense que la plus longue sur le front italien est de trois ou quatre milles, ce qui représente une bonne partie des huit mille pieds de montée jusqu'au sommet du Pasubio , dans le Trentin, et qui, au moment de la rédaction de cet article, est toujours aux mains des Italiens. Le câble peut passer sur un niveau - comme lorsqu'il enjambe une grande gorge entre deux sommets de montagne - ou il peut être tendu jusqu'à n'importe quelle pente pas trop grande pour rendre précaire la prise des roues aériennes rainurées du panier. Je n'ai pas pu connaître cette limite, mais je n'ai jamais vu un câble passer à un angle supérieur à quarante-cinq degrés. Partout où un câble ne forme pas une seule grande portée, il doit être soutenu à des intervalles variables en passant sur des pylônes en acier pour éviter qu'il ne s'affaisse trop près du sol.

Un *téléphérique* n'a jamais que ses deux stations terminales. Si la topographie d'une montagne est telle qu'un câble continu ne peut parcourir toute la distance que l'on souhaite parcourir par *téléphérique* , on construit deux, voire trois ou quatre, installations distinctes. Ceci est bien illustré par l'ascension de l' Adamello , la position la plus élevée du front austro-italien. On se rend à la station inférieure du premier *téléphérique* en automobile, si la route n'est pas bloquée par des toboggans. A la station supérieure de ce téléphérique de trois kilomètres de long, un tramway tiré par un mulet est embarqué pour parcourir trois ou quatre kilomètres de voie ferrée à voie étroite pratiquement plate. En partant de là, une marche de cent mètres amène l'un à l'autre *teleferica* , dans le panier duquel il est transporté à sa station supérieure, au sommet d'une grande falaise dominant de trois mille pieds au-dessus de la vallée en contrebas. Trois cents mètres plus loin commence un autre *téléphérique* qui l'amène au bord du lac gelé du Rifugio Garibaldi. Trois autres *téléphériques* — avec des pauses entre chacun — et un voyage en traîneau à chiens figurent dans le reste de la montée vers le glacier et le sommet de l' Adamello .

Le moteur d'un *téléphérique* — sa puissance varie selon le poids et la capacité de sa nacelle ainsi que la hauteur et la longueur de l'ascenseur — est toujours installé à la station supérieure. La disposition habituelle est de deux paniers, l'un montant tandis que l'autre descend. Cependant, comme pour les tramways à minerai, une installation peut être réalisée, si la puissance disponible est suffisante, pour transporter deux ou trois paniers, voire un plus grand nombre. Comme cela met le téléphérique à rude épreuve, les Italiens n'y ont eu recours qu'à quelques endroits où la pression sur le transport est très forte.

Les deux plus grands ennemis du *teleferica* sont l'avalanche et le vent, le dernier parce qu'il peut faire sauter les paniers du câble, et le premier parce qu'il peut tout emporter. Etant donné que les trajectoires des glissements de neige, c'est-à-dire les points où elles sont les plus susceptibles de se produire, sont assez bien définies, il est généralement possible de tracer une large portée à travers la zone dangereuse avec le câble et de minimiser ainsi les risques de catastrophe sur cette zone. score. Ce n'est que lorsque le redoutable *valanga* - comme cela arrive parfois - est lancé à un moment inattendu qu'un tramway aérien peut être endommagé. Un grand glissement — peut-être le pire qui se soit produit du côté italien des lignes pendant la guerre — qui descendit, sur un mile de large, du sommet de la Tofana . *massif* jusqu'à la route des Dolomites dans la vallée cinq milles plus bas, a emporté un bloc de casernes et une batterie de canons de montagne, en plus d'enterrer une longueur considérable de *téléphérique* à une centaine de pieds de profondeur dans la neige et *les débris* . En visitant cette diapositive en décembre 1916, quelques jours après que cela se soit produit, j'ai vu - à un endroit où une coupe avait été effectuée pour tenter de sauver quelques-unes des centaines d'Alpini enterrés - la tour tordue du *téléférique* , inextricablement mêlé au corps d'un mulet et à un affût de canon et recouvert d'une solide strate d'arbres forestiers, à deux milles en dessous du point où il se trouvait autrefois.

Bien que le nombre de catastrophes de ce type provoquées par des avalanches puisse être compté sur les doigts de la main, les problèmes causés par les vents violents sont toujours une possibilité imminente. Dans les premiers jours du *teleferica,* les accidents imputables à l'explosion des paniers étaient assez fréquents ; en fait, on a craint pendant un certain temps que la difficulté provenant de cette source ne soit si grande qu'elle ne limite matériellement l'utilité du système de téléphérique. L'utilisation de roues à rainures plus profondes a cependant éliminé presque entièrement ce problème, de sorte que maintenant la seule menace du vent est lorsqu'il vient « par le travers » et souffle assez fort pour faire basculer les paniers en collision lorsqu'ils se croisent. en plein ciel.

Même si j'ai fait de nombreux voyages en *téléphérique* qui étaient vraiment passionnants, quelle balade dans les airs sur un fil ondulant, avec un torrent ou une avalanche en contrebas, et peut-être des obus dévalant à travers les nuages au-dessus, ne serait pas passionnante ? — Je n'ai jamais figuré dans quelque chose qui s'approche d'un accident, et une seule fois dans une expérience que l'on pourrait même qualifier de « chatouilleuse ». Ce dernier résultat s'est produit grâce à mon insistance à faire une ascension en *téléphérique* un jour où il y avait trop de vent pour lui permettre de fonctionner en toute sécurité. C'était sur l' Adamello , au cours d'une ascension que j'avais tenté de faire vers la fin de juillet dernier.

Il y avait un sinistre turban de nuages noirs enroulé autour du sommet du grand sommet, et avant que nous soyons arrivés à mi-hauteur, ce qui n'était qu'une pluie froide dans la basse vallée se transformait en grésil et en neige. Nous montâmes sans difficulté par le premier *teleferica* , un double, mais le balancement inquiétant des câbles nous avertit que la ligne suivante, plus exposée, pourrait être une tout autre affaire. Ce dernier est celui que j'ai mentionné comme s'étendant d'une prairie alpine jusqu'au sommet d'une falaise qui s'élève à trois mille pieds au-dessus. Il s'agissait de l'une des plus longues travées de câbles non étayées, sinon la plus longue, de tout le front alpin. C'était aussi le plus raide que j'aie jamais connu. Le fait qu'il était exposé sur toute sa longueur à un vent fort qui soufflait d'une vallée supérieure était responsable de sa « mise hors service » en cas d'intempéries et en faisait ainsi le maillon faible de la chaîne atténuée des communications de l'Adamello .

Comme nous l'avions craint, nous avons trouvé ce *téléphérique* « fermé » à notre arrivée à la station inférieure, ce qui s'expliquait largement par l'influence de quinze ou vingt pieds donnée aux lignes parallèles de câble par le puissant vent « latéral ». des rafales qui l'assaillaient à intervalles réguliers en provenance de la direction du glacier. Heureusement, comme la tempête n'arrivait encore que par rafales intermittentes et ne s'était pas encore calmée, le *tenente* en charge pensa qu'il serait peut-être possible de nous envoyer dans l'un des intervalles plus calmes.

« Il n'y a aucun danger que les paniers s'envolent du câble », a-t-il déclaré ; "Il s'agit simplement d'éviter qu'ils ne se heurtent au passage, ce qui est toujours un risque lorsque les fils oscillent trop."

Comme nous étions trois et que la capacité d'emport du panier était limitée à deux cents kilos, il a fallu tenter deux voyages. Etant le plus lourd du groupe, il fut décidé que je monterais seul, en commençant après que les deux autres soient montés. Profitant d'une brève période de calme, mes compagnons se mirent en route. Les câbles subissaient encore beaucoup de balancement, mais une vigie au-dessus tenait l'ingénieur au courant des conditions à mesure que les paniers se rapprochaient l'un de l'autre, et le passage s'est effectué sans incident. Cependant, quand mon tour arriva, la tempête s'était calmée et le *tenente* déclara qu'il n'osait pas prendre la responsabilité d'essayer de me faire passer. D'ordinaire, j'aurais été trop prêt à acquiescer à sa décision, mais comme mes compagnons venaient de m'annoncer par téléphone qu'ils prendraient le prochain *téléphérique* — relativement protégé — jusqu'au Rifugio Garibaldi, où ils m'attendraient avant dès l' étape suivante de l'ascension, je compris aussitôt que ma non-présentation bouleverserait tout l'itinéraire et ferait du voyage (qui devait être terminé ce jour-là ou pas du tout) un échec complet. C'était évidemment à moi de m'en sortir s'il y avait un moyen de le faire, et j'ai donc suggéré au jeune officier de signer volontiers une déclaration écrite prenant sur mes propres épaules l'entière responsabilité d'un accident.

« Cela ne nous aiderait pas beaucoup, ni vous ni moi, si les choses tournaient mal », dit-il en riant. « Si vous devez vraiment y aller, vous devez le faire ; c'est tout, et nous ferons simplement de notre mieux pour ne pas avoir de problèmes. J'enverrai un des monteurs de lignes avec vous pour repousser l'autre panier au cas où il heurterait le vôtre en passant. Il y a ici un Américain de retour qui devrait être capable de faire le travail et de vous parler en même temps dans votre langue maternelle.

Et c'est ainsi que cela a été arrangé. Je pris place, allongé sur le dos, au fond du panier, comme d'habitude, après quoi Antonio, souriant ravi à l'idée de surveiller et de protéger un « compatriote », monta dedans et s'agenouilla entre mes pieds, face à moi. en haut de la ligne. Puis le « démarreur » a frappé trois fois sur le câble pour faire savoir à l'ingénieur au sommet que tout était prêt, et bientôt nous sommes partis sur le fil chantant.

Le mouvement ordinaire d'un *téléférique* n'est pas sans rappeler celui d'un avion , bien qu'il ne soit pas aussi fluide et beaucoup plus lent. À cette occasion, cependant, le balancement du câble a fourni une nouvelle sensation qui, bien que légèrement évocatrice du dérapage d'un avion sur une « berge » abrupte, ressemblait plutôt au « lacet » d'un ballon d'observation « saucisse » dans un vent fort. Le balancement du panier lui-même était également beaucoup plus violent que ce que j'avais jamais connu auparavant, mais à aucun moment assez fort pour qu'il soit difficile de garder sa place. Les deux mouvements étaient naturellement à leur paroxysme vers le milieu de l'intervalle, de sorte qu'on avait l'occasion de s'y habituer progressivement dans le quart d'heure qui s'écoulait avant d'atteindre ce point.

J'en ai profité pour poser à Antonio une question que je tenais à poser à tous *les téléfériques* avec qui j'avais l'occasion de parler. « Est-il vraiment vrai, dis-je, que personne n'a été tué depuis le début de la guerre alors qu'il roulait à bord d'un *téléphérique* ?

« Un grand nombre d'hommes ont été blessés », a-t-il répondu ; "Mais personne n'a été tué sur le coup", et il a continué en racontant qu'un de ses amis avait dévalé une distance de mille pieds parce que le câble de traction s'était détaché de l'endroit où il était attaché au panier lorsque celui-ci s'était encrassé. un panier « down » au passage. Il a été grièvement blessé par le choc qu'il a reçu lorsque le panier s'est écrasé au fond, et il lui a fallu trois mois à l'hôpital pour se rétablir. Il ne marcherait plus jamais sans bâton, mais il était si loin d'être tué qu'il était l'ingénieur du *téléphérique* sur lequel nous roulions. C'était un homme très prudent, a déclaré Antonio, car il comprenait parfaitement les conséquences de laisser cogner en l'air deux paniers chargés.

Un courant glacial d'embruns commença à nous envelopper à ce moment-là, et Antonio était en train d'expliquer comment il était emporté par le vent depuis une cascade de mille pieds de haut et distante d'un quart de mile descendant derrière le rideau de les nuages s'abaissaient, quand je le vis soudain amener la pointe de son alpenstock par-dessus le bord du panier et, les yeux fixés intensément devant lui, se tenir en équilibre dans une attitude de préparation tendue. Juste au-dessus de nos têtes, le panier descendant se balançait d'avant en arrière sous le vent fort. Une collision semblait imminente lorsque, d'un rapide coup de son alpenstock, Antonio l'a détourné et, en une fraction de seconde, nous l'avons dépassé indemne. Cette fois, cela avait été facile, expliqua Antonio, car l'ingénieur au sommet avait ralenti les paniers à moins de la moitié de leur vitesse au moment de leur passage.

Toutes sortes de marchandises - depuis les canards et les ânes jusqu'aux obus et aux canons - ont été transportées par le *teleferica* , et l'une des meilleures histoires que j'ai entendues sur le front italien concernait un cochon - la mascotte d'un bataillon d' Alpini tenant un haut position sur un glacier des Dolomites, qui a trouvé son chemin là-haut au moyen du câble. C'était un cochon de lait, et on l'envoyait vivant pour être élevé pour le dîner de Noël du major, lorsque le panier *téléphérique* dans lequel il voyageait s'enfonça dans une dérive qui avait empiété sur une des tours d'acier. Douze heures s'écoulèrent avant qu'il ne soit dégagé , et le cochon de lait, lorsqu'il atteignit enfin le sommet, était gelé aussi dur et raide qu'un de ses frères frigorifiques. Ce n'est qu'après avoir passé plusieurs heures dans la cuisine chaude qu'un grognement d'indignation révéla le fait étonnant que son armure de graisse ne cessait de couver une étincelle de vie. Ils l'ont élevé au biberon, et au moment où je l'ai vu, c'était un gros porc pesant deux cents livres ou plus, tirant sa propre ration régulière. On l'appelait *Tedesco* — à cause de son visage et de sa silhouette plutôt que de son caractère, disaient-ils — mais je serais tout de même prêt à parier que, si ce brave bataillon d' Alpini pouvait sauver autre chose que leurs fusils et leurs fusils. plumes d'aigle dans leur retraite, il ne fut pas laissé tomber entre les mains de son frère *Tedeschi* venu de l'autre côté des Alpes.

Mais le service le plus remarquable du *teleferica* est la manière dont il facilite le traitement des blessés là où les autres moyens de transport sont soit trop dangereux, soit trop lents. C'était sur un secteur du haut Isonzo, où à cette époque les Autrichiens n'avaient pas encore été poussés à travers le fleuve. Une attaque locale assez vaste était en cours en ce moment, et pour soigner plus rapidement les blessés, une petite ambulance mobile très remarquable, dont tout l'équipement pouvait être démonté le matin, emballée dans sept camions, fut déplacée de cinquante à cinq cents personnes. une centaine de milles, et être installé et prêt pour le travail le soir même - avait été poussé sur plusieurs kilomètres à l'intérieur de la zone d'incendie avec une protection telle qu'offrait le «sous le vent» d'une haute crête.

« Nous avons constaté, » dit le chirurgien en chef, « que beaucoup de blessures jusqu'ici considérées comme mortelles ne le sont que par suite d'un retard dans leur opération. Cette petite unité hospitalière, dont l'équipement est si complet qu'elle peut effectuer une quantité limitée de tous les types de travaux que n'importe quel hôpital de base peut effectuer, a été conçue dans le but exprès de soigner plus tôt les blessures de ce genre, principalement celles du abdomen. Dès le début, nous avons sauvé un grand nombre d'hommes qui autrement n'auraient jamais survécu pour atteindre les hôpitaux de la base ; mais nous constatâmes néanmoins que nous en perdions encore beaucoup à cause du retard qui survenait souvent dans leur transport sur un bout de route très exposé sur lequel il n'était pas jugé sûr de risquer des ambulances ou des brancardiers. Ensuite, nous avons conçu un panier spécial pour les blessés, destiné à être transporté sur le *téléphérique* (comme vous le voyez ici), avec pour résultat que nous sauvons désormais pratiquement tous les hommes qu'il est humainement possible de sauver.

Pendant qu'il parlait, le *téléphérique* , qui se terminait à côté de la tente de la salle d'opération, commença à claquer, et bientôt une boîte oblongue, presque identique en taille et en forme à un cercueil, apparut contre la ligne d'horizon de la crête et commença à glisser doucement. vers nous le long du câble affaissé. « Dans cette boîte, continua le chirurgien, il y aura un homme dont la vie dépendra de la possibilité ou non d'opérer sa blessure dans l'heure ou deux qui suivra le moment où il l'aura reçue. Il a probablement été mis en route vers nous dans les dix minutes suivant son arrivée au poste de secours avancé, et s'il ne reste pas allongé trop longtemps, il y a de fortes chances que nous puissions le tirer d'affaire. Tout au long de l'autre versant de la crête, il rencontra un terrain qui était lourdement bombardé (comme le montrent la fumée et la poussière qui s'élèvent), mais ce panier est une marque si petite que les Autrichiens pourraient tirer dessus toute la journée sans le frapper. L'un d'eux se heurte parfois au « schéma » d'un éclat d'obus (avec des résultats désastreux, bien sûr), mais le seul danger qui mérite d'être pris en compte est d'avoir le *téléphérique* posé sur un obus sur la salle des machines ou sur l'un des supports. tours. Bien que l'homme soit probablement inconscient, il vient seul, voyez-vous. Aucune autre vie, pas même une ambulance, n'est risquée en l'amenant ici. Sans le *téléphérique*, il n'aurait pu être envoyé qu'à la tombée de la nuit, et le retard aurait été fatal. Nous estimons cela entre un et trois pour cent. des hommes blessés sur un champ de bataille qui, comme celui-ci, est si exposé qu'on ne peut pas les renvoyer immédiatement sur des civières ou une ambulance, doivent leur vie directement au *téléphérique*.

Lorsque le couvercle du panier a été soulevé dans la gare, le corps d'un homme enveloppé dans une couverture a été découvert. Il était incapable de parler, mais une note épinglée sur la couverture indiquait qu'il avait été touché au ventre par un fragment d'obus juste à l'extérieur de la salle des machines, et que rien n'avait été fait sauf d'enrouler suffisamment de gaze autour de sa taille pour maintenir le corps. l'abdomen déchiré ensemble et placez-le dans le panier *teleferica en attente*. "Il a dû être blessé il y a à peine quinze minutes, et à moins d'un mile d'ici en avion", commenta le chirurgien en chef. « Nous avons peut-être entendu la détonation de l'obus qui a provoqué l'accident. Cinq minutes d'opération dans un sens ou dans l'autre peuvent faire la différence entre la vie et la mort dans un cas de ce genre, et il y a de fortes chances que la *téléférique* nous ait laissé la marge nécessaire.

Avant que je quitte l'hôpital, une heure plus tard, l'opération était terminée et l'homme se reposait confortablement, avec un espoir de guérison.

A plusieurs reprises, en montant en *téléphérique*, j'ai croisé un petit panier de la Croix-Rouge qui descendait avec un *ferito* ou un blessé (en effet, l'occupant de l'un d'eux à qui j'essayais de crier quelques mots de bonne humeur en italien). rapporte ci-dessous qu'il avait été abordé par un *Tedesco indubitable*); mais le passager de loin le plus étrange contre lequel j'avais à « tenir en équilibre » était celui que j'avais rencontré lors d'une tentative que j'avais faite pour remonter le Pasubio par une journée de tempête en janvier dernier. Il neigeait à raison de quatre ou cinq pouces par heure, et l'air était épais de flocons propulseurs, lorsque, à la suite (comme je l'ai appris plus tard) d'une congère s'entassant contre le câble où ce dernier traversait un en saillie, le « tiraillement » régulier du fil de traction a cessé et mon panier s'est arrêté en tremblant. Je savais que j'approchais de la moitié du chemin, mais la première preuve que j'ai eu que le « panier descendant » s'était arrêté à proximité fut une explosion soudaine et pulsée qui traversa le balai de la tempête et assaillit mes oreilles comme le craquement du destin. . Sauf que c'était dix fois plus fort que ce que n'importe quel être humain pourrait pousser, c'était juste un cri d'agonie comme celui qui serait arraché de la gorge d'un homme étendu sur le support.

De nouveau, le souffle lancinant traversa la tempête, et cette fois je remarquai que, commençant par une note de basse rauque, il continuait à monter dans un crescendo sirénique jusqu'à ce qu'il soit soudainement interrompu, comme si l'air qui le conduisait était plutôt coupé. qu'épuisé. Baissant le col haut de mon manteau coupe-vent, je me suis tortillé et j'ai regardé par-dessus mon épaule en direction de la « Chose de la Terreur », mais seule une forme grise amorphe dans la ligne du câble opposé indiquait la position de l'autre panier. . Il ne semblait pas possible qu'un panier métallique de deux pieds de large sur six pieds de long puisse contenir quelque chose d'assez grand pour émettre un tel bruit, et pourtant le fait que le câble à cet endroit mesurait cinq cents pieds ou plus dans l'air garantissait que le son ne pouvait venir de nulle part ailleurs.

Un frisson vif parcourait ma colonne vertébrale alors que je glissais à nouveau au fond du panier, mais je me suis dit que c'était dû au froid et j'ai mis mon esprit au travail pour trouver une explication « rationnelle » à ce phénomène étrange . Un grand oiseau – peut-être un aigle – se perchant sur le câble ? Impossible. Rien sur les ailes depuis l'époque du « ptérodactyle », ou peu importe comment on l'appelait, ne pouvait avoir la puissance pulmonaire nécessaire pour un cri comme celui-là. Une corne de brume ? Pas à cent milles de la mer. A—ah, je l'avais maintenant ! Je me suis dit : signal d'alarme à gaz en panne ; Alpino l'a retiré pour réparer cette note cassée et l'a joué pour son propre amusement. « Quel idiot j'avais été de ne pas y penser plus tôt ! » Me suis-je dit en m'installant avec un soupir de soulagement et le cœur tranquille en attendant que le « train démarre ».

Quand, après une demi-heure d'attente, rythmée à intervalles assez réguliers par le hurlement de l'« alerte gaz », le doux « remorqueur-remorqueur » recommençait et que la nacelle se mettait en route, je me redressai sur mon coude pour saluez l'infatigable sérénade en passant. Bientôt, le panier en duvet, rempli d'une forme tentaculaire, prit forme dans la neige battue, mais ce n'est que lorsque j'étais presque sur moi que je vis que le nez d'un âne, étendu d'un pied sur le côté, menaçait. d'encrasser le côté de ma voiture qui vacillait en passant. Le vigoureux coup de poing avec lequel je l'ai défendu a déclenché une autre de ces explosions frissonnantes, et j'ai juste eu le temps de voir, avant que le rideau de neige ne s'estompe et n'absorbe la vue fantastique, que la coupure soudaine -off J'ai remarqué à la fin que la trachée gonflée était mise en contact direct avec le côté du panier alors que le cou de la bête était étiré pour établir les colonnes d'air appropriées pour former les notes siréniques les plus élevées.

L'âne, m'a-t-on dit dans la salle des machines au sommet, avait des coliques après avoir mangé de la neige fraîche sur le contenu d'une boîte de figues sèches qu'il avait abordée, et ils lui avaient attaché les jambes et l'avaient envoyé en bas pour se rendre à l'hôpital « Croix Bleue » doit être remis en ordre. C'était un âne des plaines et il n'avait pas un bon « sens alpin », sinon ils l'auraient conduit sur ses propres jambes par le sentier. S'ils avaient su qu'un invité allait arriver, disaient-ils, ils n'auraient pas envoyé un âne dans le *téléphérique* . Ce n'était pas tout à fait sûr pour les deux passagers en raison de la façon dont l'animal s'étalait. Le dernier âne qu'ils avaient fait descendre s'était emmêlé les pattes arrière dans un chargement de bois de chauffage qui montait, et ils avaient perdu une bonne partie de ce précieux combustible au moment où ils étaient au bas de leur tas, avec une tempête qui arrivait. sur. La voiture « en haut » était toujours la plus touchée en cas de collision, mais s'ils étaient seulement avertis que quelqu'un d'important arrivait, ils prenaient grand soin qu'il n'y ait pas de collision. De toute façon , personne n'a jamais été gravement blessé à bord d'un *téléphérique* .

Il semble évident qu'aucun homme n'a encore perdu la vie sur le front italien à cause d'un voyage à bord d'un *téléphérique* . Beaucoup ont été tués lors de leur construction, et encore plus lors des patrouilles sur les lignes et de leur entretien. Des hommes sont tombés ou ont sauté des paniers, souvent d' une hauteur considérable, et d'autres ont été ramenés raides de froid après deux ou trois heures d'exposition à un blizzard dans une voiture en panne. Les gares et les machines ont été emportées et enterrées, avec tout ce qui les servait, à cent pieds sous une avalanche ; mais dans ces cas-là, ainsi que dans tous les autres accidents liés aux *téléphériques* , les enquêtes que j'ai poursuivies pendant tout le temps que j'ai passé sur le front italien n'ont pas révélé un seul cas dans lequel un véritable passager ait perdu la vie. Hairbreadth s'échappe et sauve dont j'ai entendu parler par dizaines. L'histoire de l'un des plus remarquables de ces derniers a été racontée par non moins un personnage que le brave et distingué colonel, aujourd'hui général , « Peppino » Garibaldi, petit-fils du Libérateur et héros de la célèbre prise du pic du Coli. di Lano .

Pendant que je séjournais chez le colonel Garibaldi dans les Dolomites l'hiver dernier, la station d'un *téléférique* que je comptais utiliser le lendemain pour monter aux lignes sur le glacier de la Marmolada a été emportée par une avalanche, qui a également tué un des ingénieurs. C'est l'annonce de ce désastre qui a amené mon hôte à remarquer que l'un des exploits les plus spectaculairement courageux dont il ait jamais entendu parler avait été réalisé par un Alpino l'hiver précédent en relation avec la remise en état d'une voiture en panne sur cette même travée. du téléphérique qui venait d'être détruit.

« À ce stade du jeu », a déclaré le colonel Garibaldi, qui parle couramment le langage américain en raison de ses nombreuses campagnes révolutionnaires en Amérique du Nord et du Sud, « ils ne sillonnaient pas assez profondément les roues du panier *téléphérique , avec le* en conséquence, ils ont parfois été emportés des câbles par des vents violents. Dans la mesure du possible, le transport de passagers était suspendu pendant les blizzards, mais bien sûr, de temps en temps, il se présentait une occasion où il fallait saisir l'occasion. C'est ainsi qu'un officier d'état-major du Comando Supremo, qui n'était jamais monté à bord d'un *téléphérique* auparavant, se trouvait dans un panier qui a été arraché du câble de la première travée de la Marmolada, au plus fort d'une forte tempête en mars dernier. Le panier se trouvait à quelques centaines de mètres de la fin de son voyage lorsque le déraillement de ses deux roues avant s'est produit. En fait, il se trouvait beaucoup plus près de la « terre » dans cette direction que vers le bas, où il y avait une nette chute de vitesse. trois ou quatre cents mètres sur la neige gelée.

« Si l'air est calme, un panier (qui monte, bien sûr ; celui qui « descend » fonctionne par gravité) avec une seule paire de roues retirées peut généralement être « soigné » le long du câble en tirant doucement depuis le moteur, et cela C'est ce que les ingénieurs ont essayé de faire dans ce cas. Cependant, la pression latérale du vent était trop forte et, au bout d'un mètre ou deux, le câble s'est coincé près des roues et s'est fortement coincé. S'il n'y avait pas eu d'homme dans la nacelle, ils auraient simplement accéléré le moteur et continué à tirer jusqu'à ce que la nacelle remonte ou que quelque chose se brise. Dans le premier cas, tout allait bien ; dans ce dernier cas, ils ramassaient les morceaux dès que le temps le permettait, hâtaient les réparations et repartaient . Avec un passager – et surtout un officier d'état-major – avec lequel il fallait compter, la situation était différente.

« Heureusement, le type a gardé son sang-froid et, entre les averses de neige, ils ont pu le voir travailler dur pour remettre les roues en marche. Un monteur de lignes *téléphérique expert* peut, avec un peu de chance, remettre seul une paire de roues sur la piste ; mais à moins de comprendre exactement comment alléger son poids du panier en se suspendant au câble, la tâche est aussi désespérée que d'essayer de se soulever par les sangles de ses bottes. Ce type était tout sauf un expert et, après avoir tâtonné pendant dix ou quinze minutes avec des doigts engourdis, il agita la main dans un geste de désespoir et retomba au fond du panier talonné.

« L' Alpino a vécu toute sa vie au milieu des blizzards et est capable de déterminer assez précisément le degré de résistance qui reste chez un homme exposé au vent et au froid dans des conditions données. Ils savaient qu'un homme confortablement installé dans une nacelle sur une quille plate en attendant la réparation du moteur est bon pour plusieurs fois aussi longtemps que quelqu'un qui s'accroche pour sa vie aux côtés d'une nacelle apparemment désespérément calée et à moitié renversée. La plupart des hommes qui regardaient depuis la gare donnaient au pauvre type quinze à vingt minutes ; seuls les plus optimistes disaient une demi-heure. De toute façon, il n'y avait qu'une chose à faire : envoyer un homme dans la nacelle des invalides ; et un monteur de lignes qui avait accompli avec succès peu de temps auparavant un exploit similaire lorsqu'un chargement d'obus indispensables était bloqué sur le câble s'est porté volontaire pour le faire.

«Suspendant l'intrépide au câble dans un harnais hâtivement monté et suspendu à une paire de roues de rechange, ils lui attachèrent une longue corde autour de la taille et le laissèrent descendre par gravité jusqu'au panier. La ligne, payée lentement, l'empêchait de prendre trop d'élan. Le voyage, chose facile pour un homme doté d'une bonne tête, s'est fait sans incident. L'esprit de l'officier était encore clair et ses nerfs intacts, mais, engourdi par le froid et au bord de l'effondrement physique, il était incapable de lever le petit doigt pour se sauver. Tout ce qu'il pouvait faire était de maintenir son emprise, et même cela, on ne pouvait pas s'attendre à ce qu'il le fasse longtemps.

« Pendant quelque temps, l' Alpino , toujours suspendu à son harnais, a déployé toutes ses forces pour tenter de soulever la nacelle suffisamment pour permettre aux roues déplacées de glisser sur le câble, mais il n'y avait aucun moyen d'apporter suffisamment de force pour supporter être d'une quelconque utilité, et, après avoir presque renversé l'homme qu'il essayait de sauver, il y renonça. Ensuite , il essaya d'alléger le poids de l'officier en passant quelques attaches de l'anse de la ligne autour de lui et en le tirant jusqu'au câble immédiatement au-dessus de lui. Il a réussi sa fin immédiate, mais ce faisant, il a vaincu sa fin ultime. Le corps de l'officier s'est écarté du fond du panier, mais pendait de telle manière que l' Alpino ne pouvait pas se mettre lui-même dans la position appropriée pour le soulever.

« À présent, il était évident pour le futur sauveteur que rien ne pourrait être accompli à moins que l'officier impuissant ne soit complètement éloigné de la voiture, et cela ne pouvait être réalisé qu'en changeant de place avec lui. Comment l'homme résolu a fait, le Ciel et la providence particulière qui voit toujours l' Alpino à travers le savent seulement. Ils lui ont tendu quelques mètres de plus lorsqu'ils l'ont senti tirer pour l'attraper, puis ils ont eu une vision floue de neige de lui se précipitant autour de la voiture inclinée pendant trois ou quatre minutes chargées. Finalement, ils reçurent le double coup court et sec qui était le signal qu'il s'était arrangé pour donner au cas où il échouerait dans sa tentative et voudrait être retiré.

« Pas un peu découragés par cette évolution, ils ont commencé à se garer depuis la gare, pour ressentir encore plus d'appréhension lorsqu'ils ont vu que c'était un corps mou et apparemment sans vie qui sortait vers eux de la tempête. Cependant, un yodel rassurant s'éleva des profondeurs brumeuses à ce moment-là, et le plus perçant d'entre eux annonça qu'il pouvait voir son camarade « coupé de couteau » sur le câble qui tirait le panier droit. Avant même que le corps de l'officier évanoui, avec ses bras et ses jambes flottant comme ceux d'un épouvantail, ne soit basculé sur le palier et libéré de son harnais, le bruit sourd d'une clé en acier sur le câble a donné le signal familier. de « Transportez-vous ! »

"Il est arrivé (c'est ce que son capitaine me l'a dit plus tard)," a conclu le Colonel Garibaldi, "assis sur le bord du panier avec sa plume d'aigle râpant tout le long du câble affaissé, ses bottes cloutées tambourinant un tatouage sur le fond en acier. , et chanter le chant de marche Alpini d'une voix qui faisait résonner les échos au-dessus des hurlements de la tempête.

L'expédient consistant à tirer un câble *téléphérique* à travers un espace autrement infranchissable n'a pas été tenté pour la première fois dans l'occasion évoquée dans le premier paragraphe de ce chapitre - lorsqu'il a été recouru pour faire passer une ligne à travers une rivière en crue. Le même plan avait été suivi avec succès un an auparavant en portant secours à une bande d' Alpini qui, suite à la destruction de leur *téléphérique* par une avalanche, se retrouvèrent « abandonnés » sur le flanc d'un glacier avec seulement quelques jours de nourriture. et des munitions. L'unique chemin menant à leur aire avait également été érodé par le glissement, de sorte qu'un mois ou plus de travail aurait été nécessaire pour ouvrir les communications de cette manière. Pour la même raison, il aurait fallu un délai encore plus long avant que le *teleferica* puisse être restauré ; c'est-à-dire si le câble devait être transporté comme lors de sa construction initiale. Le génie alpiniste des Alpini aurait sans doute été à la hauteur du problème de retrouver le chemin du salut en se laissant descendre par des cordes, mais cela aurait impliqué l'abandon d'une position qu'il était d'une importance vitale de conserver.

Parmi les nombreuses alternatives envisagées, la solution consistant à tirer le câble avec un pistolet était la seule qui promettait une chance de succès. La première tentative s'est presque avérée être un « boomerang », car le poids du câble a dévié de près de soixante degrés la coque sans charge de six pouces à laquelle il était attaché et l'a envoyé s'écraser à travers une écurie de mules, heureusement vide pour le moment. Une coque attachée à un câble plus léger s'éloignait presque à la même distance de sa marque ; en fait, toutes les tentatives avec des canons à grande vitesse se sont soldées par des échecs lamentables, et ce n'est que lorsque l'un des nouveaux mortiers de tranchée à longue portée a été mis au point que l'expérience a pris une tournure encourageante, même si le succès n'a été obtenu qu'avec la ligne de câble. a été déplacé par une légère corde en manille. Celui-ci était tiré vers son but, une éminence distante d'un demi-mille et haute de mille pieds, du premier coup, et servait ensuite à tirer un câble léger qui, à son tour, entraînait le lourd. Le *téléphérique* à travée unique installé à cette époque — tout à fait exempt de la menace qui avait accablé son prédécesseur inférieur — était encore en service lorsque je visitai ce secteur neuf mois plus tard.

L'exploit le plus spectaculaire jamais réalisé à partir d'un *téléphérique* fut peut-être celui par lequel un nid gênant de mitrailleurs autrichiens fut dégagé de l'un des sommets du grand *massif de M*... à l'automne 1916. A cette époque, la haute crête était divisé entre les Italiens et les Autrichiens. Ces derniers avaient accès à un pinacle fragmenté qui, bien qu'il n'y ait pas de place pour y établir une position permanente, offrait un point de vue splendide pour observer tous les mouvements italiens dans la vallée en contrebas. La situation était suffisamment irritante pour les Italiens, même lorsque les activités de l'ennemi se limitaient uniquement à l'observation, mais lorsqu'il se mit à faire sortir une mitrailleuse et à poivrer - presque depuis ses arrières - le quartier général d'un bataillon Alpini qui détenait un important passer trois mille pieds plus bas, cela devenait presque intolérable. Ce qui s'est passé m'a été raconté quelques mois plus tard, lorsque j'ai demandé au major de ce bataillon comment il se faisait que le toit du mess des officiers, dans lequel nous dînions, soit blindé de tôles d'acier.

« Contre les balles de mitrailleuses », fut la réponse ; «Il fut un temps de mémoire maudite où l'ennemi sortait son fusil sur un petit éclat de rocher, à moins de quinze cents mètres d'ici, par voie aérienne , et aspergeait toute notre petite terrasse de 'dum-dums. '»

«Ça a dû être un peu éprouvant», ai-je observé. "Comment as-tu réussi à le coller ?"

"En restant hors de vue autant que possible", répondit-il; « C'est-à-dire jusqu'au jour où nous l'avons poursuivi depuis le *téléphérique* . Après cela, il nous a laissés tranquilles jusqu'à ce que nous ayons le temps de préparer une arme pour lui faire garder ses distances.

"Je l'ai poursuivi depuis le *téléphérique* !" répétai-je, surprise. "Que veux-tu dire par là?"

« Exactement ce que j'ai dit », répondit-il avec un sourire. « Nous travaillions jour et nuit à creuser une caverne à canons dont le feu rendrait cette position gênante intenable pour les mitrailleurs autrichiens. En attendant, il nous fallait tenir le coup du mieux que nous pouvions, car le moindre affaiblissement de nos forces à cet endroit eût été le signal d'une attaque autrichienne qui aurait pu les laisser en possession du col. En nous déplaçant la plupart du temps la nuit, nous nous en sortions assez bien jusqu'à ce que, un matin, en ouvrant à une heure inattendue, ils aient tué beaucoup plus d'entre nous que je n'aime l'imaginer.

« C'est à ce moment-là que le capitaine X... là-bas, qui avait eu une balle dans le chapeau, est venu vers moi avec un dessin à la main et m'a dit qu'il venait de comprendre qu'entre la troisième et la quatrième tour de Avec la *Teleferica* , il y avait un point à partir duquel la position des mitrailleuses autrichiennes pouvait être enfilée avec un effet mortel.

« Si notre position n'avait pas été vraiment sérieuse , je n'aurais probablement jamais écouté une proposition aussi folle. En fait, j'y suis entré corps et âme. Nous avons accroché la plate-forme de la mitrailleuse au câble selon un angle qui faciliterait son élévation et son alignement sur la position autrichienne située au-dessus. Puis, comme une heureuse réflexion après coup, nous avons plié une feuille d'acier pare-balles pour faire un bouclier sur le côté exposé, érigé une plate-forme basse sur laquelle le canon reposerait en toute sécurité et, le premier et le dernier blindé . *teleferica* était terminé. Entre X... et son assistant, l' armure et le canon, le poids était environ le double de celui que le *téléphérique* était censé transporter, mais je savais qu'il y avait une large marge de sécurité et je n'avais aucune appréhension à ce sujet. Avec X... et son assistant accroupis de chaque côté de l'arme, et avec une bâche noire lâchement posée sur l'ensemble, elle ressemblait autant qu'on pouvait le souhaiter à un ordinaire tas de ferraille en train d'être réparé.

« Les Autrichiens, qui étaient occupés depuis une heure à parsemer les zigzags du chemin jusqu'aux tranchées au bord du col, n'ont pas remarqué le chargement à l'apparence innocente qui glissait sur le *téléphérique* . Les hommes relevés d'en haut, esquivant en courant rapide les tronçons exposés des zigzags, leur offraient une pratique bien plus excitante qu'un chargement de vieux matériel. Celui-ci disparut de notre vue à la deuxième tour, réapparut à la troisième et fut bien en vue lorsque X... « se démasqua » et s'ouvrit. Nous pouvions même suivre la ligne de jets de poussière brune sur la face de la falaise alors que les balles montaient jusqu'à leur cible. Le feu des deux mitrailleuses autrichiennes cessa instantanément et ne reprit jamais. Les artilleurs ont probablement été tués avant même d'avoir eu la possibilité de faire demi-tour et de répondre à l'attaque aérienne soudaine.

« Après avoir pulvérisé le pinacle pendant cinq minutes, X… a fait signe d'être retiré. Il est arrivé au poste pour signaler que son travail était terminé. Contre une éventuelle utilisation ultérieure, nous avons considérablement amélioré notre « dreadnought aérien » dans les jours qui ont suivi, mais nous n'avons jamais eu l'occasion de le remettre en action. Lorsque les Autrichiens *se sont* aventurés, notre gros canon était en place et nous les avons ravagés par le haut avec un explosif puissant.

LES GARIBALDI LUTTE À NOUVEAU POUR LA LIBERTÉ

Une ou deux fois par hiver, un vent épais, collant et chaud venu de l'autre côté de la Méditerranée insuffle sur la neige et les vallées alpines gelées le souffle d'un faux printemps. Les guides suisses, si je me souviens bien, l'appellent par un nom qui se prononce à peu près comme nous le mot « fun » ; mais l'incidence d'un tel vent signifie pour eux tout sauf ce que cela signifie en anglais. Pour eux – pour tous les habitants des Alpes en effet – une période de *beau* temps signifie un dégel, et un dégel signifie des avalanches ; les avalanches aussi, à une époque de l'année où il y a tellement de neige que les glissades sont constamment tentées d'abandonner les sentiers battus et de se creuser de nouveaux canaux inattendus. Ce n'est que le premier visiteur des Alpes qui se brise sous le baiser de Judas du vent appelé *plaisir*.

C'est un jour de début janvier, frappé par l'un de ces vents chauds et perfides, que j'ai été conduit de la plaine de Venise à un certain secteur du front alpin italien, un secteur presque aussi important du point de vue stratégique que beau du point de vue du paysage. Ce qui, douze heures plus tôt, n'était qu'une route pavée de glace, s'était dissous en une rivière de neige fondante, et l'on pouvait sentir plutôt que voir les sinistres tremblements prémonitoires dans les bancs de neige qui s'abaissaient tandis que le clapotis de l'air chaud et humide détendait la route. frein du gel qui les avait retenus sur les flancs escarpés des montagnes. Chaque tronçon où la route s'incurvait jusqu'à embrasser une falaise ou un mur de vallée en pente était une embuscade possible, et nous les contournions avec le moteur étouffé et les voix étouffées.

Vers le milieu du court après-midi d'hiver, la gorge que nous suivions s'ouvrait dans une vallée étroite et traversait droit le petit lac que longeait la route, se reflétant dans la nappe chatoyante d'eau fumante que le dégel projetait sur la glace. , était un triangle blanc éclatant de montagne imposante. Véritable alpage de granit parmi les Dolomites éclatées, forteresse parmi les cathédrales, c'était l'élément remarquable, le trait dominant d'un panorama dont je savais d'après ma carte qu'il était constitué de la chaîne de montagnes le long de laquelle se tortillaient les lignes entrelacées de la bataille austro-italienne. -devant.

"Tout simplement un sommet avec une personnalité", dis-je à l'officier à mes côtés. "Comment appelle-t-on ceci?"

« C'est le Col di Lana », fut la réponse ; "la montagne que le colonel ' Peppino ' Garibaldi a prise partiellement dans une première tentative, et ensuite Gelasio Caetani , l'ingénieur minier italo-américain, explosa et fut complètement capturé. C'est l'une des positions les plus importantes de tout notre front, car quel que soit le camp qui la tient, non seulement il bloque efficacement l'avancée de l'ennemi, mais il dispose également d'un port de sortie inestimable à partir duquel lancer la sienne. Il nous *fallait* simplement l'avoir, et il a été pris de la manière qui était probablement la seule humainement possible. C'est d'ailleurs le quartier général du colonel Garibaldi, où nous passons nuit et demain ; peut-être pourriez-vous lui demander de vous raconter l'histoire.

Là où la fenêtre de son bureau donne sur le Tibre jaune qui serpente à travers Rome pour laquelle son père s'était battu si longtemps et si vaillamment, j'avais écouté un après-midi, peu auparavant, ce fougueux vieux guerrier, le général Ricciotti Garibaldi , tandis qu'il parlait de la guerre et du rôle de l'Italie dans celle-ci. « Tous mes garçons se battent, avait-il déclaré, et mes filles et ma femme allaitent. Deux des garçons sont partis – tués en France – mais les cinq autres sont dans l'armée italienne. Ce sont tous de bons combattants, je pense ; mais l'un d'eux, Peppino , l'aîné, est aussi un habile soldat. Ou du moins il devrait l'être, car il a été formé à l'école « Garibaldi ». Il n'y a pas eu de guerre (sauf seulement celle entre la Russie et le Japon) ou de révolution dans aucune partie du monde au cours des vingt dernières années sans qu'il n'ait dégainé une épée, porté un fusil ou brandi une machette. Vous devez vous assurer de le voir si vous visitez son secteur du front, car c'est un bon petit garçon, notre Peppino .

« Et vous vous en sortirez bien si vous supportez aussi Peppino », avait ajouté sa petite mère anglaise : « Il est sûr d'avoir un bon cuisinier ; et puis ce cher garçon a toujours été si friand de sucreries que je ne peux imaginer qu'il puisse s'en passer. D'ailleurs, Sante est avec lui, et Sante dirigeait une crèmerie coopérative lorsque la guerre a éclaté. Vous pouvez être sûr qu'il a aussi récolté sa part des bonnes choses.

Nous avons trouvé le petit-fils et homonyme du grand Giuseppe Garibaldi cantonné dans un petit chapelet d'un village alpin qui occupait le dernier morceau de terrain suffisamment ouvert pour jouir d'une immunité même relative contre les glissements de neige des deux flancs de la profonde vallée que suivait la route. au col. Le « bon petit gars » qui surgit de son bureau jonché de cartes et de rapports pour nous souhaiter la bienvenue s'est avéré avoir six pieds d'homme vigoureux, avec une paire d'épaules puissantes, un visage bronzé rouge à cause des reflets du soleil sur le soleil. de la neige, et une poignée qui fusionnait mes doigts sous la pression galvanique de son fermoir amical. Le front haut et étroit, la ligne ferme de la bouche, les yeux sérieux et fermes, tout cela était nettement garibaldien, me rappelant les paroles de sa mère : « Ricciotti est mon plus beau garçon, mais Peppino est celui qui ressemble le plus au vieux général. son grand-pere."

Son accueil fut chaleureux et cordial, et ce n'est que dans ses yeux graves que l'on sentit la terrible responsabilité accumulée par le fait qu'un vent chaud et humide jouait sur la plus grosse chute de neige que les Alpes aient connue depuis de nombreux hivers.

« Je vous ai esquissé un programme provisoire pour les prochaines vingt-quatre heures », dit-il, parlant anglais avec un accent qui révélait clairement qu'il était parvenu à sa maîtrise sous le ciel américain – et probablement occidental – « ce qui est aussi loin que possible ». (et bien plus loin, en fait) qu'il n'est utile de planifier tant que dure ce temps maudit. Il reste encore quelques heures de jour, nous allons donc commencer par prendre des traîneaux jusqu'en haute vallée et faire un relevé de nos lignes d'en bas. Demain, si Dieu le veut ! (il le dit avec la même ferveur rapide avec laquelle le pieux mahométan intercale « Imshallah » dans n'importe quel aperçu de ses projets futurs) « vous et le capitaine X... irez au sommet et au glacier de la Marmolada, peut-être la position la plus spectaculaire sur tout notre front. Cela dépendra de notre capacité à maintenir ou non les *téléphériques* .

Alors que le traîneau se frayait un chemin entre les amas de neige profonds et remontait la gorge qui se rétrécissait, le colonel Garibaldi parla brièvement des difficultés du transport alpin en plein hiver.

« Sur le front de bataille ordinaire, comme ceux de la France et de la Russie, dit-il, il faut un peu moins d'un homme sur la ligne de communication pour maintenir un homme dans les tranchées de première ligne. Pour tout le front italien , la moyenne est d'environ deux hommes dans les communications contre un en première ligne ; mais par endroits dans les Alpes (comme sur mon secteur), il peut en courir jusqu'à six, voire huit ou dix par mauvais temps. Il ne s'agit pas seulement de protéger les routes des chutes de neige et des dérives, il s'agit également des *valangas* , des toboggans. Et avec les toboggans, le pire problème ne vient pas seulement des hommes que vous risquez de perdre sous eux (même si c'est déjà assez terrible, Dieu le sait), mais plutôt des hommes qui maintiennent les files d'attente au-delà des toboggans et qui doivent être nourris et munis de munitions quoi qu'il arrive. . Par un mauvais coup du sort (tout aussi mauvais pour l'ennemi que pour nous-mêmes), les neiges de cette année ont été parmi les plus abondantes jamais connues. Cela signifie que les glissements sont également mauvais au-delà de tout précédent, et surtout qu'ils arrivent dans des endroits inattendus, des endroits où ils n'avaient jamais été connus auparavant. Les glissements de terrain dans de nouveaux endroits signifient... ce que vous avez vu là où cette bande a été coupée dans la partie inférieure du petit village en bas de la vallée, et des problèmes comme celui-ci !

Nous venions de sortir d'une section rétrécie de la gorge où, pour passer, la route devait passer sur une sorte de chevalet construit au-dessus de la rivière maintenant gelée, et où les murs recouverts de glace au-dessus de nous s'emboîtaient comme des mâchoires. d'un piège à loups. Devant nous, la route était bloquée par une imposante barrière de neige froissée, entassés d'une hauteur d'au moins cent pieds d'un mur à l'autre. Les rochers et les pins cassés et renversés parsemant la masse amorphe ont fourni la preuve indubitable que l'avalanche qui l'a formée était descendue d'une « piste ».

« Nous n'avons pas pu le revoir, et nous n'aurions pas pu le jeter à la pelle en dix ans », a déclaré mon compagnon ; « Il nous fallait donc simplement suivre la seule alternative qui nous restait et la franchir. Ici, nous entrons dans le tunnel maintenant. Ma grande inquiétude est de savoir si la nouvelle glissade que le lendemain ou les deux prochains jours – ou dans les prochaines heures, d'ailleurs – pourrait faire tomber sur ceci, s'écrasera dans mon petit tunnel ou s'accumulera simplement sans danger au-dessus. Aussi dure qu'elle soit, la neige » (je l'ai senti s'éloigner de moi dans l'obscurité et j'ai entendu le doux bruissement de quelque chose effleurant le côté du tunnel) « est fondante même ici. J'ai plutôt peur qu'il ne supporte pas beaucoup plus de poids, même s'il ne tombe pas tout seul. Mais… ah (nous étions maintenant hors du tunnel, et une falaise jaune cannelée d'une transparence stupéfiante se profilait à travers l'encoche devant nous), « voilà la Marmolada ! Cela ne semble pas être un endroit facile pour déloger l'ennemi, n'est-ce pas ? Eh bien, mes hommes — mon frère, le major Ricciotti Garibaldi, qui les conduisait — ont pris aux Autrichiens la majeure partie du *massif de 13 000 pieds avec la perte de si peu d'hommes qu'on m'accuse encore d'avoir jeté mes morts dans les crevasses* du glacier et remplissant leurs places de recrues clandestines !

Un Alpino passa en chantant, et le colonel reprit l'air en lui rendant le salut.

« Ô Marmolada, tu es bella , tu es grana

   ina in peo e forta in guerra .

« C'est une chanson que les hommes ont composée », a-t-il déclaré. « La Marmolada était célèbre même en temps de paix, mais jusqu'à un an ou deux avant la guerre, elle n'avait jamais été escaladée par ce côté. Le capitaine d' Alpini , en poste au col de gauche, fut le premier Italien à faire l'ascension. Cela lui a pris deux jours et lui a coûté plusieurs centaines *de lires* pour des guides. Eh bien, c'est de ce côté-là que nous l'avons pris (je ne peux pas vous dire exactement comment, car nous voulons utiliser à nouveau la même méthode), et maintenant nous y envoyons du carburant, de la nourriture et des munitions tous les jours. Demain, si les *téléphériques* fonctionnent encore, dans moins d'une heure vous irez là-haut jusqu'à ce sommet enneigé.

Sur le chemin du retour au village, au crépuscule, j'ai eu un exemple éclairant du célèbre *sang froid de Garibaldi* . La conversation s'était tournée — comme elle semblait persister tout au long de ma visite — vers des amis et des repaires communs en Amérique du Sud, et j'ai évoqué une rencontre avec Castro au Venezuela quelques années auparavant. "C'était quel mois au juste ?" » s'est interrogé le colonel Garibaldi. "Mars", répondis-je. « Puis, à ce moment précis, dit-il, j'étais enchaîné à un anneau dans le mur de la prison de Ciudad Bolivar. Un peu plus tard », a-t-il poursuivi, « moi et un camarade *révolutionnaire* enchaîné avec moi nous sommes échappés et avons commencé à nager l'Orénoque jusqu'à… ».

À ce moment-là, le traîneau se dirigea par hasard vers un long train de paquets sur le chevalet au fond de la gorge en surplomb dont j'ai parlé, et juste au moment où mon compagnon atteignait ce point de son histoire, un gros glaçon, dégelé quelque part au-dessus, arriva. s'écrasant sur le dos d'une des mules. Le paquet de provisions fut déchiré comme par un couteau, et le mulet, reculant sous le choc soudain, recula vers l'animal immédiatement derrière lui. Celui-ci, à son tour, recula vers l'animal suivant dans la file, de sorte que l'impulsion revint à travers le train par ce que j'entendis un jour un vieux emballeur Chilkat appeler « mu- legraphi ». La conséquence fut que les cent mètres de gorge (au passage desquels il était conseillé de même baisser la voix de peur de déclencher des vibrations qui pourraient briser l'une des mille épées de Damocléen suspendues au-dessus) furent jetées dans un tumulte qui déclencha le des échos qui sonnent. Les Alpini capricieux injuriaient les mules et les uns contre les autres du plus profond de leurs poumons de cuir, tandis que les mules faisaient simplement le truc du mulish en se tenant sur leurs pattes antérieures et en frappant avec leurs pattes postérieures tout ce qui tombait à leur portée.

Mais, imperturbable aussi bien par l'énergie cinétique libérée en bas que par l'énergie potentielle qui menaçait d'en haut, l'imperturbable descendant de Garibaldi s'est simplement penché plus près de mon oreille et a continué son histoire.

« Le pauvre Y... n'est jamais arrivé à la banque. Shark l'a eu, je pense. Je suis parti dans la jungle… » C'est à peu près toute l'histoire dont je me souviens, à l'exception de l'arrivée, qui concernait la course de deux espions de Castro pour un paquebot britannique stationné le long du quai de La Guayra . Cette dernière partie, cependant, a été racontée après que nous soyons sortis de sous les glaçons et les talons des mules pour rejoindre la route ouverte sous les étoiles qui s'éveillaient.

Il y a eu plusieurs interruptions pendant le dîner ce soir-là. Un jour, un Alpino voyageur , dont la lanterne s'était éteinte et qui s'était tourné vers la maison la plus proche pour la rallumer, apparut à la porte. Le fait qu'il soit tombé sur le désordre de son colonel ne parut pas le déranger le moins du monde que le colonel, qui donna à l'homme souriant une boîte d'allumettes et le renvoya avec un joyeux « *a rivederci* ». Un peu plus tard, la porte s'ouvrit en réponse à un coup timide, révélant une petite vieille dame qui voulait emprunter une boîte de lait concentré et cinq œufs. Son fils devait rentrer en congé le lendemain, dit-elle, et elle allait lui préparer un *panello* pour son dîner. La petite boutique du village était pour le moment à court d'œufs et de lait, et comme le cuisinier *du Colonello* avait refusé de les lui prêter, elle était venue directement chez le *Colonello* lui-même. Elle avait entendu dire qu'il était très gentil.

« Veillez à ce qu'elle ait tout ce qu'elle veut ; remplis son panier », fut l'ordre envoyé au cuisinier. Et puis, tandis que la petite vieille dame reconnaissante reculait en s'inclinant vers la porte : « Nourrissez-le bien, *madre* ; il faut avoir quelque chose à son actif pour combattre dans ces montagnes, n'est-ce pas ?

« Le frère Santé s'occupe habituellement pour moi de ce genre d'appels, dit mon hôte en riant ; « Mais Santé est absent pour un jour ou deux et je n'ai pas de tampon. Vous remarquerez d'ailleurs que je ne suis pas tout à fait d'accord avec mon distingué grand-père en matière de rations. Qu'a-t-il dit aux hommes qui s'étaient rassemblés pour le suivre dans sa fuite après l'échec du combat pour la République romaine ? « Je n'offre ni salaire, ni logement, ni provisions ; J'offre la faim, la soif, les marches forcées, la bataille et la mort. Eh bien, moi aussi, j'ai beaucoup de combats à offrir à mes hommes, mais pas plus d'autres « incitations » que je ne peux aider. Et quand ils doivent mourir, j'aime avoir l'impression que c'est le ventre plein.

« Peut-être avez-vous entendu, poursuivit-il, quel bruit cela a fait ici lorsque j'ai pour la première fois demandé de la marmelade pour mes hommes. Ils ont commencé par se moquer de moi. « Bien sûr, dirent-ils, nous savons que votre mère est anglaise ; mais ce n'est pas une raison pour que, même si *vous* en avez envie, vos *hommes* aient besoin de marmelade ! Ensuite, ils ont dit que *la marmellata* coûterait trop cher et ont finalement essayé de prouver que ce serait mauvais pour la santé des hommes. Mais j'avais vu ce que les troupes avaient fait en Afrique du Sud avec une généreuse allocation de marmelade ; aussi ce qu'ils faisaient en France. Alors j'ai tenu bon, et... eh bien, nous avons pris la Marmolada sur *la marmellata* , et pas mal d'Autrichiens en plus.

Nous riions encore de cette petite plaisanterie lorsque la porte s'ouvrit et que l'opératrice du téléphone de la pièce d'en face entra pour nous annoncer à voix basse une nouvelle qui venait de lui parvenir. Le visage du colonel passa de gai à grave en un instant ; mais ce fut avec une voix et une retenue tranquille qu'il posa quelques questions rapides puis donna un bref ordre, évidemment à transmettre d'où la nouvelle était venue.

"Ça devait être soit A——, soit B——," dit-il d'un ton songeur, se tournant à nouveau vers la grosse tranche de gâteau au caramel qu'il venait de se couper lorsque l'interruption se produisit. « Oh , je vous demande pardon ; mais je viens d'apprendre que le *téléphérique du milieu* desservant la Marmolada a été emporté par une avalanche et qu'un des ingénieurs est tué. Je spéculais simplement sur lequel il s'agissait. C'étaient tous deux des hommes bons – des hommes que je ne peux pas me permettre de perdre. Ceci met d'ailleurs fin au voyage que nous vous avions prévu pour demain. Vous devrez plutôt vous rendre au poste au—— ; à condition, bien sûr, *que Teleferica* ne connaisse pas un sort pareil.

La révolution sud-américaine (dans un souvenir très vif) avait levé sa tête d'hydre à plusieurs reprises avant que je ne voie clairement comment diriger la conversation vers le canal où j'étais si intéressé à diriger son flux.

« Ne voulez-vous pas me dire, colonel, dis-je finalement, comment le jeune Garibaldi a perpétué la tradition du vieux Garibaldi dans cette guerre ? Racontez-moi comment vous vous êtes tous réunis en France dans les premiers mois de la guerre, ce que vous y avez fait et ce que vous avez fait depuis ; et surtout raconte-moi comment tu as pris le col de Lana.

« C'est (comme vous le dites, les Américains) un défi de taille », fut la réponse riante ; "mais je ferai volontiers ce que je peux pour le remplir."

Il vida son verre de cognac, attendit que le rite occulte consistant à allumer son « Virginia » sur sa petite lampe à alcool soit terminé, puis commença son histoire (comme je l'avais espéré) par le début. La narration qui suit a été rythmée par le goutte-à-goutte régulier des avant-toits et le grondement fréquent d'une avalanche lointaine alors que le vent chaud du sud appelé *fun* soufflait son souffle relaxant sur l'accumulation de neige suspendue d'un demi-hiver.

« Mon père – et même mon grand-père – avaient prévu que l'Europe devrait finalement se frayer un chemin vers la liberté au travers d'une grande guerre ; que les deux forces irréconciliables (représentées équitablement par ce que représentaient la France, l'Angleterre, l'Italie et les États-Unis, d'une part, et ce que représentaient la Prusse et ses satellites, de l'autre) ne rendaient aucune autre alternative possible. Les mêmes sentiments qui ont poussé mon père et mon grand-père à se battre pour la France en 1870 nous ont conduits, moi et mes frères, à nous proposer de combattre pour la France et ses Alliés en 1914.

« En tant qu'aîné de sept fils et homonyme de mon grand-père, mon père pensait que c'était à moi de perpétuer la tradition garibaldienne et, alors que j'étais à peine adolescent, il m'envoya suivre une formation dans la seule école ce que le vieux général a toujours reconnu , celui de l'expérience pratique. « Un jour, on aura besoin de vous en Europe », dit-il. « D'ici là, veillez à vous préparer en participant à toutes les guerres que vous pourrez trouver. Apprenez comment les hommes suivent, puis apprenez comment les hommes dirigent. S'il y a un choix entre deux causes, battez-vous pour celle pour laquelle vous pensez que votre grand-père se serait battu ; mais ne manquez pas un combat parce que vous n'arrivez pas à vous décider sur ce point. L'expérience est la clé, et la seule manière de l'obtenir est de participer à de vraies batailles, pas à des simulacres.

«Eh bien, j'ai fait de mon mieux, compte tenu de l'époque et de l'époque dans lesquelles nous vivons, pour suivre l'idée de mon père. Vous pouvez juger du succès (en termes d'expérience globale) du fait que, jusqu'au déclenchement de la guerre actuelle, j'ai combattu - en comptant les escarmouches - sur 132 champs de bataille. Le fait que je n'aie pas été blessé n'est pas, j'espère, entièrement dû au fait que je n'ai pas été exposé au feu.

« La préparation de mes frères avait été un peu moins drastique – moins « garibaldienne » – que la mienne. Dans leur cas, l'idée de mon père était qu'il suffirait qu'ils connaissent simplement le monde et comment s'entendre avec les hommes ; et à cette fin, il les encourageait, dès qu'ils étaient assez vieux, à chercher du travail à l'étranger, de préférence quelque chose de plein air, comme celui lié aux projets d'ingénierie. Aucun d'entre nous n'était surchargé d'apprentissage de livres ou de formation technique, moi encore moins. En effet, j'ai souvent souhaité avoir un peu plus des deux.

« C'est ainsi que la guerre éclata et que tous, sauf les deux plus jeunes, furent dispersés jusqu'aux extrémités du monde. J'étais à New York (peu de temps avant d'avoir vécu la première révolution mexicaine en tant que chef d' état-major du général Madero), et avec moi était mon deuxième frère, Ricciotti , qui m'avait rejoint là-bas pour un voyage en Amérique du Sud. Menotti était en Chine, membre de l'équipe d'ingénierie du chemin de fer Canton-Kowloon, et Sante , également ingénieur, travaillait sur le barrage d'Assouan en Haute-Égypte. Bruno était dans une « centrale » sucrière à Cuba, et Costante et Ezia , les deux plus jeunes d'entre nous, étudiaient en Italie. Ma sœur Italia organisait le travail de la Croix-Rouge à Rio de Janeiro.

« Alors que les nuages de guerre commençaient à s'accumuler, mon père a envoyé une lettre à chacun de nous cinq à l'étranger, disant que lorsque nous recevrions un câble de sa part , nous devions partir immédiatement vers l'endroit qui y était mentionné. J'oublie le sujet des télégrammes reçus par Ricciotti et moi-même ; mais le rendez-vous était Paris, et nous prenions le bateau suivant. Nous avons retrouvé Ezia et Costante qui nous attendaient déjà à Paris, et Bruno et Sante sont arrivés quelques jours plus tard. Menotti n'a pas pu s'organiser pour quitter la Chine jusqu'à ce que son propre pays entre en guerre, quelques mois plus tard.

« La rumeur avait déjà circulé qu'une Légion italienne devait être formée pour combattre aux côtés des Alliés, mais sur quel théâtre n'avait pas encore été décidé. Toute ma propre formation avait été axée sur la guérilla et, pensant que cela pourrait être utilisé au mieux dans les Balkans, j'espérais que ma légion pourrait être débarquée en Albanie, pour coopérer avec les Serbes et les Monténégrins contre l'Autriche. . Mais cela ne devait pas être le cas ; en effet, Ezia , envoyé conduire un *camion* à Salonique après avoir été blessé sur ce front il y a quelques mois, a été jusqu'à présent le seul Garibaldi à atteindre les Balkans. Je suis désolé, d'une certaine manière, car je pense toujours que cela aurait été ma sphère de plus grande utilité.

« Des recrues affluaient vers nous du monde entier, parmi lesquelles de nombreux hommes qui avaient combattu à mes côtés en Amérique du Sud et en Amérique centrale. Nous étions une bande typique de soldats de fortune et, à part le fait que nous étions tous italiens, il n'y avait pas grand-chose qui nous différenciait de la Légion étrangère dans laquelle nous étions incorporés. Aux côtés des quelques descendants de la noblesse italienne qui nous avaient rejoints marchaient des hommes qui avaient chevauché comme *gauchos* dans la pampa d'Argentine ou martelé des foreuses dans les mines du Colorado et du Transvaal. Je n'étais pas non plus le seul à avoir scruté avidement à travers les grilles à barreaux et à connaître le cliquetis et le tiraillement de la chaîne de cheville. Mais quoi que nous soyons et qui que nous soyons, nous étions venus pour nous battre, et nous nous sommes battus. Oui, en somme, je pense que nous avons été à la hauteur des traditions de la *Légion étrangère* aussi bien sur le plan des combats que sur celui du pedigree. Ce n'est pas d'où tu *viens* cela compte sur la ligne de bataille, mais seulement là où vous *allez* ; et s'il y avait un homme dans la Légion italienne qui n'était pas prêt à se battre jusqu'à ce qu'il tombe, je peux seulement dire qu'il n'a pas attiré mon attention.

« Considérant que nous avons commencé avec pratiquement du matériel brut (bien que, bien sûr, beaucoup d'hommes avaient déjà servi) et qu'il n'y avait pas *de cadres* sur lesquels s'appuyer, je pense que notre travail avec la *Légion Italienne* était à peu près un record pour formation rapide. Nous étions en octobre avant que nous soyons bien partis, et à la fin du mois de décembre, nous étions non seulement en première ligne, mais nous avions déjà traversé certains des combats les plus sanglants que la guerre ait jamais connu. Mon grand-père avait l'habitude de dire qu'une bonne formation militaire était pour neuf dixièmes une question de bon sens appliqué et pour un dixième une question d'exercice physique. Eh bien, j'ai utilisé mon bon sens et mon expérience, et j'ai compensé le reste avec des exercices. En deux mois, nous avions 4 000 hommes au front, où le haut commandement français était si impressionné par leur qualité qu'il ne fallut qu'une semaine ou deux avant qu'ils soient jugés dignes de la place d' honneur dans une attaque contre la garde prussienne. qui avait progressé avec régularité dans l'espoir de couper les communications entre Châlons et Verdun. Aucun régiment n'a jamais connu un baptême du feu plus chaleureux. Nous avons repoussé la Garde de deux kilomètres et demi , mais avons perdu un millier d'hommes dans cet effort.

« Je ne me souviens pas de ce qui s'est réellement dit entre nous à ce sujet, mais il semblait généralement admis entre nous, frères, que l'effusion du sang garibaldi – ou, mieux encore, le sacrifice d'une vie garibaldi – serait calculé. jeter un poids important, peut-être décisif, dans la balance vacillante en Italie, où une sympathie croissante pour la cause des Alliés n'avait besoin que d'un petit coup pour la faire passer à l'action. En effet, j'ai l'impression que mon père a dit quelque chose dans ce sens aux deux plus jeunes garçons avant de les envoyer en France. Quoi qu'il en soit, les trois jeunes se comportaient exactement comme si leur seul objectif dans la vie était de gêner les balles allemandes. Eh bien, Bruno a eu *le sien* la dernière semaine de décembre, dix ou douze jours avant Costante , qui est tombé le 5 janvier. Ezia , la plus jeune des trois cracheurs de feu, a cependant dû, sans que ce soit de sa faute, attendre et prenez sa balle aux Autrichiens sur notre propre front. (Cela s'est d'ailleurs produit non loin d'ici.)

« L'attaque dans laquelle Bruno est tombé était l'une des plus belles choses que j'ai jamais vues. Le général Gouraud m'a fait venir en personne pour m'expliquer pourquoi un certain système de tranchées, que nous avions ordre d'attaquer, *devait* être pris et tenu à tout prix. Nous nous sommes rassemblés pour la messe à minuit – c'était Noël, ou le lendemain, je crois – et le souvenir de cet autel encadré de glaçons dans l'église en ruine et sans toit, avec les bougies vacillantes jetant juste assez de lumière pour dessiner la silhouette haute de Gouraud. , qui se tenait devant moi, ne disparaîtra jamais de mon esprit.

« Nous avons franchi le parapet avant le lever du jour, et c'est aux premières lueurs de l'aube froide de l'hiver que j'ai vu Bruno – clairement touché – se redresser de sa position accroupie et tomber dans la première des tranchées allemandes, à travers laquelle la vague de tête de notre attaque a été radicale. Cependant , il s'est levé avant que je puisse l'atteindre (je ne pense pas qu'il ait jamais regardé pour voir où il avait été touché), et je l'ai vu grimper de l'autre côté et, courant sans accroc ni chanceler, conduire ses hommes vers l'intérieur. poursuite de l'ennemi en fuite. Je ne l'ai jamais revu vivant.

« Ils ont trouvé son corps, portant six blessures par balle, à l'endroit où la rafale d'une mitrailleuse l'avait frappé alors qu'il tentait de sortir et de conduire ses hommes au-delà de la dernière des tranchées que nous avions reçu l'ordre de prendre et de tenir. . Il avait chargé dans la tranchée, chassé l'ennemi et fait – pour ce que cela valait – le premier sacrifice de sa propre génération de Garibaldi. Nous avons envoyé son corps à mon père et à ma mère à Rome, où, comme vous vous en souviendrez sans doute, ses funérailles ont été l'occasion de la plus remarquable manifestation patriotique que l'Italie ait connue ces dernières années. A partir de ce moment, la participation de notre pays à la guerre n'est plus qu'une question de temps. La mort de Costante quelques jours plus tard ne fit que donner une impulsion supplémentaire à la vague de sentiment populaire qui allait bientôt aligner l'Italie là où elle devait être, à l'avant-garde de la lutte pour la liberté de l'Europe.

« Les nouveaux combats qui ont eu lieu à la Légion au cours du mois de janvier ont réduit ses effectifs à tel point qu'elle a dû se retirer pour se reposer et se reformer. Avant d'être en état de reprendre le combat, notre pays avait pris la grande décision et nous étions licenciés pour rentrer chez nous et combattre pour l'Italie. Ici, principalement parce qu'on a jugé préférable d'incorporer les hommes dans les unités auxquelles ils appartenaient réellement (par leur formation ou leur résidence), il s'est avéré impossible de maintenir l'intégrité des quatorze bataillons — environ 14 000 hommes en tout — que nous avions formés en La France et, par conséquent, la *Légion italienne* n'ont cessé d'exister que comme un glorieux souvenir. Nous, les cinq Garibaldi survivants, avons reçu des commissions dans une brigade d' Alpini qui est un « descendant en ligne directe » du célèbre *cacciatore* formé par mon grand-père en 1859 et dirigé par lui contre les Autrichiens dans la guerre dans laquelle, avec l'aide des Français, nous avons racheté la Lombardie pour l'Italie.

« En juillet, je reçus le commandement d'un bataillon occupant une position au pied du col de Lana. Peut-être avez-vous vu depuis le lac, en montant, la position dominante de cette montagne. Si tel est le cas, vous comprendrez son importance suprême pour nous, que ce soit à des fins défensives ou offensives. Donnant directement sur la vallée de Cordevole vers les plaines d'Italie, elle fournissait non seulement aux Autrichiens un poste d'observation incomparable, mais constituait également une barrière efficace contre toute avancée de notre part vers la vallée de Livinallongo et l'important col de Pordoi . Nous en avions impérativement besoin pour la sécurité de toute ligne que nous établirions dans cette région, et nous en aurions tout aussi impérativement besoin lorsque nous serions prêts à repousser les Autrichiens. Puisqu'il était tout aussi important pour les Autrichiens de conserver cette grande forteresse naturelle que pour nous de la leur reprendre, vous comprendrez pourquoi la lutte pour le Col di Lana fut peut-être la plus âpre qui ait jamais existé. n'a encore été menée sur aucun point du front alpin.

« Au début de juillet, sous le couvert de nos canons au sud et à l'est, les Alpini descendirent de la Cima di Falzarego et du Sasso di Stria, qu'ils avaient occupés peu auparavant, et prirent ce qui n'était au début qu'un point d'appui précaire sur la pierre. versant oriental inférieur du Col di Lana. En fait, au début, ce n'était guère plus qu'une prise de pied ; mais les Alpini, qui ne se reposent jamais, s'enracinent bientôt et s'établissent fermement. C'est au commandement de ce bataillon d' Alpini que je me présentai le 12 juillet, après avoir entendu dire que mon travail devait être la prise du col di Lana à tout prix.

« C'était la première fois que moi – ou n'importe quel autre Garibaldi, d'ailleurs (mon grand-père, avec ses « Mille », a pris la Sicile à cinquante fois plus de soldats Bourbons) – en avais assez (ou même la promesse d'en avoir assez)) les hommes à faire de cette formule « quel que soit le prix » bien plus qu'une vaine moquerie. Mais il n'appartient pas à Garibaldi de sacrifier des hommes pour quelque raison que ce soit, s'il existe un moyen possible de l'éviter. La période des attaques frontales aveugles était révolue avant même mon départ de France, et des moyens étaient déjà en cours d'élaboration – principalement des mines et une meilleure protection de l'artillerie – pour rendre les assauts moins coûteux. La « sauvegarde de l'homme » scientifique, dans laquelle mon pays a depuis fait tant de progrès, en était alors à ses balbutiements sur le front italien.

« J'ai rencontré beaucoup de difficultés dans la manière de mettre en pratique au Col di Lana les théories salvatrices que j'avais vues en cours de développement dans l'Argonne. À cette époque, les Autrichiens, qui avaient compris dès le début la grande importance de cette montagne, nous avaient largement dépassés en termes de canons, tandis que l'exploitation minière dans la roche dure était trop lente pour que cela en vaille la peine jusqu'à ce qu'une position unique de valeur cruciale soit suspendue dans la région. équilibre. Alors… eh bien, j'ai simplement fait de mon mieux dans les circonstances. Tout ce que je pouvais faire était de donner à mes hommes une protection aussi complète que possible pendant qu'ils ne combattaient pas, et ce but fut atteint en les établissant dans des galeries creusées dans le roc solide. C'était, je crois, la première fois que les « casernes-galeries », — désormais la règle dans tous les points exposés — étaient utilisées sur le front italien.

« Au début, il n'y avait pas d'autre moyen que de chasser l'ennemi du col di Lana tranchée par tranchée, et c'est la tâche que je me suis fixée vers la fin du mois de juillet. Ce qui rendait la tâche presque prohibitive, c'était le fait que les canons autrichiens de Corte et de Cherz — que nous n'étions pas en mesure de réduire au silence — étaient capables de nous ratisser sans pitié. Chacune de nos actions au cours des neuf mois suivants s'est déroulée sous leur feu, et il ne sert à rien de nier que nous avons beaucoup souffert. Je n'ai pas utilisé plus d'hommes que je ne pouvais en utiliser, et le commandement supérieur a été très généreux en matière de réserves, et même en augmentant la force de la force à ma disposition à mesure que nous obtenions progressivement plus d'espace pour travailler. Vers octobre, mon commandement initial d'un bataillon avait été considérablement augmenté.

« Les Autrichiens ont fait un combat courageux et habile défense , mais la pression constante que nous exercions sur eux les a progressivement forcés à remonter la montagne. Dès la première semaine de novembre, nous étions en possession de trois versants de la montagne, tandis que les Autrichiens tenaient le quatrième versant et, mais le plus important de tous, le sommet. Ce dernier nous présentait une paroi rocheuse à pic, haute de plus de 200 mètres , de n'importe quelle direction où nous pouvions l'approcher, et sur la crête de cette falaise, seul point exposé à nos tirs d'artillerie, l'ennemi avait un engin astucieusement dissimulé. -poste de canon desservi par quatorze hommes. Derrière et derrière, à l'abri dans une galerie rocheuse, se trouvait une réserve de 200 hommes, qui devaient rester en sécurité à l'abri pendant un bombardement, puis sortir pour repousser toute attaque d'infanterie qui pourrait le suivre. La poignée du poste de mitrailleuses, calculait-on, serait suffisante, et plus que suffisante, pour nous empêcher d'escalader la falaise avant que leurs réserves n'arrivent pour les soutenir ; et ils l' auraient été s'il n'y avait eu *qu'une* attaque d'infanterie avec laquelle il fallait compter. Cependant, cela ne tenait pas suffisamment compte du poids de l'artillerie que nous avions déployée et de l'habileté de nos artilleurs. L'apparente inexpugnabilité de la position était en réalité la cause de sa perte.

« Ce plan de défense astucieusement conçu , j'avais réussi à me faire une idée assez précise – peu importe comment – et j'ai élaboré mes propres plans en conséquence. J'avais placé tous les canons dont je pouvais disposer dans les positions les plus favorables pour me concentrer sur la véritable clé du sommet - le poste de mitrailleuse exposé au sommet de la falaise - avec l'idée, si possible, de détruire les hommes et les canons. complètement, ou, à défaut, du moins de le rendre intenable pour les réserves qui tenteraient de se rallier à sa défense .

« Nous avions une position proche d'un pouce et, heureusement, nous n'avons pas perdu de temps pour la « tâter ». Ceci, avec la surprise qui en résulta, fut peut-être le principal facteur de notre succès ; car le plan – du moins en ce qui concerne *la tenue* du sommet – s'est déroulé aussi parfaitement en action que sur le papier. C'est d'ailleurs la grande satisfaction de travailler avec Alpin : il est si sûr, si fiable, que l'élément de « faillibilité humaine » dans un plan (toujours la quantité la plus incertaine) est pratiquement éliminé.

« Il est presque certain que notre soudaine rafale de tirs concentrés a éteint la vie de tous les hommes du poste de mitrailleuses avant qu'ils n'aient eu le temps de faire savoir que notre attaque d'infanterie se développait aux réserves dans la galerie en contrebas. En tout cas, ces derniers n'ont fait aucune tentative pour se précipiter vers la défense de la crête, même après la fin de nos tirs d'artillerie. La conséquence a été que les 120 Alpini que j'ai envoyés pour escalader la falaise ont atteint le sommet avec seulement trois victimes, probablement causées par des rochers roulants ou des fragments de roches volants. Les Autrichiens, dans leur grand « funk-hole », furent complètement surpris et 130 d'entre eux furent faits prisonniers, soit un nombre bien inférieur à celui des Italiens. Les 200 autres personnes se sont échappées ou ont été tuées dans leur fuite.

« Jusqu'à présent, c'était tellement bien ; mais, malheureusement, organiser le sommet et le tenir étaient deux choses totalement différentes. A peine les Autrichiens s'aperçurent de ce qui s'était passé qu'ils ouvrirent sur la crête avec toute leur artillerie disponible. Nous avons depuis lors constaté que le feu de 120 canons était concentré sur un espace de 100 mètres sur 150 qui offrait la seule approche possible pour couvrir le sommet aride. Cinquante de mes hommes, trouvant un abri sous le vent des corniches rocheuses, restèrent jusqu'au sommet ; les autres rampèrent par-dessus le bord de la falaise et se retinrent par les doigts et les orteils. Aucun d'entre eux n'a cherché à se réfugier en s'enfuyant, même si une retraite aurait été tout à fait justifiée, compte tenu de l'enfer que les canons autrichiens faisaient de cet endroit. L'ennemi contre-attaqua à la tombée de la nuit, mais malgré la supériorité numérique et l'épuisement presque complet de cette petite bande de héros alpins , ils ne purent reprendre que la moitié du sommet. Ici, sur une crête de dix mètres de haut qui coupe à peu près la *cima* , les Alpini tenaient les Autrichiens, et ici, à leur tour, ces derniers détenaient les renforts que j'ai finalement pu envoyer au secours des Alpini . Là, exposé au feu des canons des deux camps (et donc, comparativement, à l'abri des deux), une ligne était établie à partir de laquelle il semblait peu probable qu'un combattant puisse chasser l'autre, du moins sans un changement radical par rapport aux méthodes utilisées. jusqu'à présent employé.

« L'idée de faire exploser des positions qui ne pourraient pas être prises autrement n'est en aucun cas nouvelle. Cela remonte probablement à l'invention de la poudre à canon elle-même. Sans doute, si seulement nous les connaissions, il y a eu des tentatives d'exploitation minière de la Grande

Muraille de Chine. Il était donc tout à fait naturel que, lorsque les Autrichiens nous tenaient devant une position qui était d'une nécessité vitale , nous commencions à considérer la possibilité de l'exploiter comme la seule alternative. La conception de ce plan n'est pas nécessairement née dans l'esprit d'un seul individu, même si nombreux sont ceux qui l'ont revendiqué. C'était une chose inévitable si nous ne voulions pas abandonner nos efforts pour atteindre notre objectif.

"Mais même s'il n'y avait rien de nouveau dans l'idée de la mine elle-même, dans la réalisation d'une opération d'ingénierie d'une telle ampleur à une si grande altitude et depuis une position constamment exposée à d'intenses tirs d'artillerie, de nombreux problèmes se posaient sans précédent. . Ce sont ces problèmes qui nous ont fait réfléchir ; mais finalement, malgré la perspective de difficultés dont nous savions bien qu'elles pourraient à tout moment devenir prohibitives, il fut décidé de tenter de faire sauter la partie du sommet du col di Lana tenue par l'ennemi.

« Le choix de l'ingénieur chargé des travaux a été singulièrement heureux. Gelasio Caetani — il est le fils du duc de Sermoneta — avait travaillé comme ingénieur minier dans l'Ouest américain pendant plusieurs années avant la guerre, et l'expérience pratique acquise en Californie et en Alaska constituait une préparation inestimable à la grande tâche désormais assignée. pour lui. Sa disponibilité et son grand courage personnel étaient également des atouts incalculables. (À titre d'exemple de ce dernier, je pourrais vous raconter comment, pour lui permettre de faire certaines observations impératives, il s'est laissé descendre du flanc d'une falaise à pic en un point seulement partiellement protégé du feu ennemi.)

« Eh bien, le tunnel a été commencé vers la mi-janvier 1916. Certains de mes hommes – des Italiens qui s'étaient dépêchés de rentrer chez eux pour se battre pour leur pays lorsque la guerre a commencé – avaient déjà eu une certaine expérience avec des perceuses manuelles et mécaniques dans les mines du Colorado. et en Colombie-Britannique, mais la majeure partie de notre travail a dû acquérir de l'expérience au fur et à mesure que les travaux avançaient. Compte tenu de cela, ainsi que de la difficulté d'acheminer le matériel (sans parler des vivres et des munitions), nous avons fait de très bons progrès.

« Le pire dans tout cela était que cela devait se dérouler sous le feu incessant de l'artillerie autrichienne. J'ai pourvu aux hommes de mon mieux en les plaçant dans des galeries, où ils pouvaient au moins se reposer dans une relative sécurité. Mon propre quartier général se trouvait dans un petit hangar à l'abri d'un gros rocher. Lorsque l'ennemi comprit enfin ce que nous faisions, il célébra sa découverte par un bombardement régulier qui dura quatorze jours sans interruption. Pendant quarante-deux heures de cette quinzaine, il y eut, selon les calculs réels, une moyenne de trente-huit obus par minute qui explosèrent sur notre petite position. Avec toute la protection qu'il était possible d'assurer, la tension devint telle que je jugeai opportun de changer chaque semaine le bataillon qui tenait notre partie du sommet. Ai-je eu un répit moi-même ? Eh bien, à peine ; ou plutôt, pas avant d'y être obligé.

« Nous étions constamment confrontés à des problèmes nouveaux et embarrassants – des choses que personne n'avait jamais été appelé à résoudre auparavant – la plupart d'entre eux concernaient les transports. Je n'oublierai jamais comment nous avons réussi à surmonter l'un d'entre eux. Les Autrichiens avaient accompli un exploit courageux et audacieux en plaçant une de leurs batteries en un certain point, dont le feu menaçait de rendre notre position absolument intenable. L'emplacement de cette batterie était si astucieusement choisi qu'aucun de nos canons ne pouvait l'atteindre, et pourtant il *fallait* la faire taire — et pour de bon — si l'on voulait continuer notre travail. Le seul point d'où nous pouvions tirer sur ces canons destructeurs était si exposé que toute artillerie que nous pourrions y monter ne pouvait compter que sur le tir le plus court, sous le feu de la centaine de « lourds » ou plus que les Autrichiens seraient en mesure de tirer. concentrez-vous dessus. Et pourtant (je pensais que), bien employé, ces quelques minutes pourraient s'avérer suffisantes pour faire le travail. Comme il n'y avait pas d'autre alternative, j'ai décidé de tenter ma chance.

« Et puis une autre difficulté est apparue. La plus petite arme qui aurait une chance de faire le travail prévu pesait 120 kilos, soit environ 260 livres ; ceci juste pour le pistolet seul, avec toutes les pièces détachables retirées. Mais l'endroit où le canon devait être monté était si exposé qu'il n'y avait aucune chance d'y installer un téléphérique, tandis que la pente était si raide et si rude qu'il était hors de question d'essayer de le tirer avec des cordes. Juste au moment où nous étions sur le point d'abandonner, désespérés, un des Alpini — un homme de constitution herculéenne qui avait gagné sa vie en temps de paix en brisant les chaînes sur sa poitrine et en accomplissant d'autres tours de force — est venu et a suggéré qu'il être autorisé à porter l'arme sur son épaule. Agrippé à une paille, je le laisse s'adonner à quelques « manœuvres d'entraînement » ; mais cela montrait seulement que, même si le jeune Samson pouvait s'éloigner et trotter avec le fusil sans grand effort, la tâche de se soulever lui-même et son fardeau de pied en pied dans le rocher croulant de la pente de soixante-dix degrés était trop pour lui.

« Mais de cet échec est née une nouvelle idée. Pourquoi ne pas laisser mon homme fort simplement supporter le poids de l'arme sur son épaule – agissant comme une sorte d'affût ambulant, pour ainsi dire – pendant qu'une file d'hommes le tirait avec une corde ? Nous avons installé un harnais pour égaliser la traction sur le large dos et, avec l'aide de seize hommes ordinaires, l'exploit a été accompli sans accroc. Je suis cependant désolé de dire que le pauvre Samson a été immobilisé pour un séjour à cause de muscles tendus.

« Le canon, avec les pièces et les munitions nécessaires, a été récupéré pendant la nuit, et à l'aube, il était installé et prêt à l'action. Il n'a tiré qu'une quarantaine de coups avant que les « lourds » autrichiens ne le mettent en pièces, ainsi que tous ses courageux équipages sauf un ou deux, sous une pluie d'explosifs puissants. Mais il a fait son travail, et il l'a bien fait. Le sacrifice n'a pas été vain. L'inquiétante batterie autrichienne fut si complètement mise hors de combat que l'ennemi ne jugea jamais utile de la remettre en place.

« Ce n'est qu'un échantillon des choses fantastiques que nous avons faites pendant les trois mois où nous avons creusé le tunnel sous le sommet du Col di Lana. Les dernières semaines ont été encore plus animées par la connaissance que les Autrichiens menaient une contre-attaque contre nous. Une fois, ils sont arrivés si près que nous pouvions sentir le choc de leurs foreuses, mais ils ont fait exploser leur mine à quelques mètres seulement de l'endroit où cela nous aurait bouleversés pour le bon et pour tout. Les travaux ont continué jusqu'à ce que, le 17 avril, la mine soit terminée, chargée et « bourrée ». Cette nuit-là, alors que tous les canons que nous pouvions utiliser faisaient pleuvoir des obus sur la position autrichienne, celle-ci explosa. Un cratère de 150 pieds de diamètre et 60 pieds de profondeur a englouti la crête occupée par l'ennemi, et nos Alpini en attente se sont précipités et l'ont fermement tenu. Les faibles contre-attaques autrichiennes furent facilement repoussées et le Col di Lana fut enfin entièrement aux mains des Italiens.

Le colonel Garibaldi s'adossa au dossier de sa chaise et regarda pensivement les fissures du plafond comme quelqu'un dont l'histoire est terminée. La fin était arrivée assez brusquement, pensai-je, et j'étais enclin à insister pour obtenir de plus amples détails.

« Ce devait être un spectacle grandiose, risquai -je : ce sommet de montagne s'envolant dans les airs, entouré de centaines d'obus. Où étais-tu au grand moment ?

Le visage grave devint encore plus grave, et un sourire mélancolique adoucit les lignes de la bouche ferme.

"Pas en vue du Col di Lana, je suis désolé de le dire", fut la réponse. « Ma santé s'est dégradée quinze jours avant la fin, et un autre officier commandait au point culminant. Ce fut l'une des plus grandes déceptions de ma vie. J'aurais donné ma main droite pour être le premier homme à entrer dans ce cratère. Mais peu importe », conclut-il en se levant et en redressant ses larges épaules ; « Des choses plus grandes que le Col di Lana nous attendent avant la fin de cette guerre, et je sens que je ne vais plus en manquer. C'est la manière Garibaldi, vous savez, d'être présent à la mort.

- 153 -